U0043254

ЭКСКУРСИЯ НА ФОРМОЗУ

1875
福爾摩沙之旅

俄國海軍 保羅‧伊比斯 的 臺灣調查筆記

Этнографическое путешествие П. И. Ибиса

Pavel Ivanovich Ibis

（Paul Ibis）

保羅‧伊比斯——原著

劉宇衛（Головачёв Валентин Цуньлиевич）——編著、導讀

江杰翰、吳進仁、劉柏賢、陳韻聿——譯
黃樹民、楊孟哲——審訂

目次
Contents

推薦序一

保羅‧伊比斯的福爾摩沙之旅

黃樹民

（國立清華大學人類學研究所侯金堆
特聘研究講座兼院長、中央研究院院士）

　　16 世紀從歐洲開展的「大航海時代」，不但掀起了人類史上第一波全球化浪潮，更將看似遼闊無涯的太平洋海域，轉化成通衢管道。隨著歐洲殖民政體對美洲大陸的開發，美洲與亞洲之間的交通、貿易逐漸增加，跨太平洋航船也愈見頻繁。而原來處於歐亞大陸外海邊陲、不受重視的臺灣，也因位於東亞花綵列島（East Asian Festoon Island Arc）的中樞地位，搖身一變成為太平洋航道中的重要轉折站。從此之後，臺灣就成為各擴張型帝國爭相覬覦的目標，包括葡萄牙、荷蘭、西班牙、明鄭、清國、日本、法國等，點綴了臺灣四百年的近代史。

　　在這段漫長的領土爭奪過程中，一些偶發及難以避免的海難事件，往往成為列強侵略征伐的藉口。當時不成熟的航海氣象預測、不完整的海景知識，加上脆弱的木質船舶，在面臨颱風、海

嘯、湍流、暗礁時，都給海上航船帶來極大風險。頻繁的海難，將原本置身事外的臺灣原住民，推向歷史舞臺的前沿。其中最有名的例子，就是臺灣最南端鵝鑾鼻外海的暗礁。從北美洲沿著花綵列島南下的船舶，經臺灣南端後，往西轉向南海的廣州或澳門時，常會在此觸礁，造成海難事件。較幸運的船員，被沿海居民救起，幾番轉折回國。較不幸的卻是被殺害，埋骨於斯。較為著名的海難，包括 1867 年美國商船「羅妹號」在此觸礁後，上岸避難的十多名船員遭當地原住民殺害，遭美軍討伐。其後 1871 年兩艘琉球漁船被颱風吹到屏東半島，五十多名漁民被原住民殺害，給日本殖民政府藉口，於 1874 年發動第一次派軍侵臺，即歷史記載的「牡丹社事件」。這些事件將臺灣原住民直接推到帝國強權的面前，面臨他們未曾參與擬訂的法律、軍事制裁，以及周邊強權的直接對立和衝突。

在臺灣島上逐漸升溫的緊張氣氛中，俄羅斯籍的海軍准尉保羅・伊比斯於 1875 年利用他的軍艦在香港檢修的假期，花了一個半月的時間，沿著臺灣西岸從最南端的恆春半島，往北部的淡水走了一趟。伊比斯雖然沒有受過正式的人類學、民族學訓練，但透過勤奮的自習及與其他學者的交流，他掌握了基本的民族誌田野調查方法和比較觀察工具，包括對人體體質的描述，以及語言結構與詞彙比較，探索不同族群間的分類與源流關係。借用這些工具，伊比斯對 19 世紀後期臺灣地區的一些族群，提供客觀

詳實的紀錄，包括排灣、阿美、魯凱、卑南、布農、平埔、客家、漢人等十三個聚落，彌足珍貴。

俄羅斯科學院東方學研究所的劉宇衛博士，長年專注於中國近代史研究。近年來他更耗費心血蒐集與伊比斯有關的資料和檔案文獻紀錄，完成這部作品，讓我們得以了解何以在伊比斯短短的二十五年生命中，能做出如此影響深遠的學術貢獻。劉博士的這部著作，也讓我們看到在 19 世紀的國際紛爭中，俄羅斯當局對臺灣的關注及重視，為兩者在現代的交往和聯繫，提供悠久的歷史淵源。

推薦序二
追尋俄羅斯人的臺灣足跡

楊孟哲

（國立臺北教育大學專任教授）

　　前總統蔣介石於 1956 年在臺北出版《蘇俄在中國》一書，內文詳實記載了他於 1923 年訪問莫斯科，考察當時俄國政經文化制度的寶貴資料。當時他以中國政府高層政要之姿前往俄國，受到俄國朝野的熱烈歡迎，回到中國後他向孫文大總統報告此行心得，擔憂俄共對中國大陸的野心，足見其內心對於共產政權的不信任，也顯然與當時孫文先生的容共主張大相逕庭。

　　1925 年國父孫文去世，蔣介石掌握實際兵權。同年卻將長子蔣經國先生送往蘇俄莫斯科中山大學求學，其政治動機令人費解！經國先生最後被迫在西伯利亞勞動學習，身處天寒地凍不毛之地，步上人質危機之際，反而贏得美人心娶回白俄羅斯人，即後來中華民國的第一夫人蔣方良女士。

　　在威權時期成為反共堡壘的臺灣，兒時記憶中學校音樂課，學生們琅琅上口的一首歌〈反共抗俄〉其中一段歌詞寫著：「打

倒俄國反共產、消滅朱毛殺漢奸」，在共產政權下，人民活在令人懼怕的鐵幕之中，是當時臺灣人對俄國根深柢固的印象。戰後中華民國與俄國之間的關係往來或連結極少，幾乎互不相往來。

1989年我在東京學藝大學拜讀了《蔣經國傳》及《蘇俄在中國》，深受啟發，毅然決然深入俄羅斯，期待透過實地走訪赤色大地，一窺鐵幕後的究竟。同年由東京啓程，經新瀉入俄國海參崴，搭西伯利亞鐵路，途經伯力、赤塔、伊爾庫茨克、貝加爾湖，來到莫斯科走訪中山大學的舊址，最後抵達列寧格勒，展開為期一個半月的個人旅行考察，發現俄國人非常自律而內斂，並不如政治宣傳那般恐怖。

2010年二度前往解體後的俄國，這次到了庫頁島蒐集日軍統治及慰安婦資料，途中意外結識二次大戰時被勞改的日本兵之子高野先生，戰後獲釋的高野父親並沒有返回日本，選擇留下跟俄國人結婚共組家庭。談話中高野憶起父親在西伯利亞勞改日子裡，曾有臺灣兵同行，猶記當時我聽聞此訊息時，一時之間震撼不已。回臺後的我深入追查相關資料，也促成我日後投入研究臺灣與俄羅斯之間奇妙關係的契機。

2014年在前莫斯科中央通訊社張弘光特派員的介紹下，結識了俄羅斯科學院東方學研究所劉宇衛教授，之後在海參崴及莫斯科大學亞非學院多次會晤，並拜訪俄羅斯科學院東方學研究所。

2019 年 11 月在劉教授引導下，我們一行人從臺灣出發，前往聖彼得堡俄羅斯海軍公文檔案館，拜讀了 1875 年保羅‧伊比斯俄文原稿史料。

彼得大帝於 1696 年建立帝國海軍艦隊，戰勝海霸瑞典國，占領波羅的海東海岸之後，此舉成為俄羅斯由路權大國發展為海上強國的轉折點，從此俄羅斯隨著歐洲局勢變化，乘機發展海上武力遠渡亞洲，關注遠東地區局勢發展，也對臺灣島產生微妙的變化。

1871 年臺灣發生八瑤灣事件，俄方從日帝及各國列強手中獲得臺灣相關資料，除了垂涎中國大陸之外，目光也已悄悄鎖定了臺灣島，三年後正式派遣軍方人士進入臺灣地區，1874 年 6 月俄方首位軍官捷廉季耶夫（V. A. Terent'ev）因執行任務公然進入臺灣島，展開蒐集牡丹社戰鬥資料任務，日後完成報告《福爾摩沙及日本征臺之役》，是繼清朝、美國、日本之後研究牡丹社事件的重要資料之一。

1874 年俄方的對臺灣調查行動，比起 1624 年荷蘭人進入臺灣足足晚了二百五十年之久，次年 1875 年，俄國海軍准尉伊比斯不動聲色地經由香港悄悄偽裝成旅人抵達高雄港後，祕密走訪牡丹社、高士佛社等臺灣原住民部落及臺灣各重要商港，是一次準軍事再調查行動！1876 年留下〈福爾摩沙島之旅〉這份珍貴的文件（收錄於《海事文集》雜誌），成為臺灣與俄羅斯之間重

要史跡。

　　根據這份史料內容，發現當時俄羅斯人對臺灣原住民的記載，不同於美國李仙得充滿種族歧視性或大和民族政客的假文明聖潔，伊比斯對臺灣原住民有著全然不同的看法，從人類學、民族學、政治角度分析，比較客觀友善，這份俄文史料也是「俄羅斯人在臺灣」重要的歷史足跡。

　　此行獲得海軍公文檔案館館長史米耶諾夫（Smirnov Valentin Georgievich）先生親自導覽，他表示聖彼得大帝建立此館，二百多年來首次接受臺灣人來訪！館方高規格的接待令我深感榮幸，在雙方友好氣氛下，本人允諾將個人收藏的 1904 年日俄戰爭原版照片及相關日軍寫真帖，贈送該館永久典藏，並達成共識早日完成伊比斯檔案史料中文版，在臺灣公開發行。

　　最後再次感謝劉宇衛教授無私研究奉獻，還有台灣研究基金會創辦人黃煌雄先生大力贊助，以及吳政諭博士盡心盡力校勘，方得以完成重大的臺灣史料文獻出版。

編著、導讀者序
俄羅斯人在臺灣與今昔俄臺民間交流

劉宇衛

（俄羅斯科學院東方學研究所

〔ФГБУН ИНСТИТУТ ВОСТОКОВЕДЕНИЯ РАН〕

副所長）

　　當代臺灣讀者若得知俄羅斯人最初在二百五十年前便已來到福爾摩沙，想必會大吃一驚。1771 年 8 月，俄羅斯槳帆船「聖彼得號」接近臺灣的東部，沿著海岸航行兩週。船上組員共 70 人，以奧地利／匈牙利冒險家莫里斯・奧古斯都・貝紐夫斯基為首。其中三名船員（Vasily Panov, Ivan Loginov, Ivan Popov）意外與原住民交戰，因而喪生，成了最早埋骨於臺灣土地上的俄羅斯人。

　　只有在大清帝國與西方強權簽署一系列不平等條約（1858 年《天津條約》及 1860 年《北京條約》），並因此對外開放新的海港及領土後，俄羅斯帝國的臣民才有機會自由造訪臺灣島，俄羅斯海軍水手開始不定期造訪臺灣的港口。例如，1862 年 8

月，俄羅斯輕巡航戰船「鳴鐘號」（Rynda）從香港出發，在臺灣北部的基隆暫停。船長注意到，戰船所需燃煤在基隆的價格是香港的三分之一。

1870 年代，俄羅斯的外交人員無法不注意到日本對臺出兵的行動。1874 年 7 月，俄羅斯的「白鼬號」（Gornostay）砲艇駛抵臺灣。此行目的可見於俄羅斯太平洋艦隊司令，海軍少將布琉梅爾（Theodor Brümmer）1874 年 7 月 10 日寫就的報告：「『白鼬號』船長於 6 月 3 日通知我，他遵照我國駐北京公使的命令，前往福州府……接著，他將前往福爾摩沙島上的臺灣港，就地觀察衝突雙方，日本人與中國人的行動」。「白鼬號」船長，海軍大尉捷廉季耶夫為執行公使命令來到臺灣，造訪島上不同地方，也蒐集了一些與島民生活相關的資訊。半年後，有一位海軍准尉，年輕的愛沙尼亞人保羅・伊比斯（Pavel Ivanovich Ibis / Paul Ibis, 1852–1877），成為第一個專為研究島嶼及其居民而訪問臺灣的俄國人。

本書介紹俄羅斯帝國愛沙尼亞省出生的保羅・伊比斯的生平及學術遺產。作為海軍領航員團准尉，伊比斯參與螺旋槳動力風帆護衛艦「阿斯科爾德號」（Corvette "Askold"）於 1872 至 1876 年的環球航行。1875 年冬天，他獨自完成遊歷臺灣的「民族學旅行」。1 月 21 日，俄國准尉自香港抵達臺灣，他花了一個半月步行穿越整座島嶼：首先自打狗（高雄）向南，造訪楓

港、車城、石門和其他地方。接著他回到高雄，沿西岸往北，途經臺南、嘉義、彰化、大稻埕，一路到達淡水港和基隆港。3 月7 日，他搭乘「海龍號」海輪離開淡水，在打狗停留數小時之後，回航香港。

旅行過程中，伊比斯不但蒐集民族學田野材料，更試圖為福爾摩沙原住民的起源和種族類型等問題尋找解答。為了研究原住民，伊比斯擬訂了大膽的計畫。他描述如下：

> 我能運用的時間為考量出發點，我給自己訂了以下目標：從南至北環島，盡可能造訪大量原住民部落，採集他們的語言，測量他們的體格。我希望可以藉此就這些原住民的來歷作比較確定的結論。這些原住民族分成好幾個較小的、各自獨立的部族，其生活環境不一，生活方式、語言、甚至外表都不一樣。[Ibis 1876-I: 112]

按伊比斯的說法，旅程中他接觸了「十三個部落」，分屬於六、七種原住民族群。[Ibis 1876 I: 112; Ibis 1877: 149] 此外，他也和漢人、客家人，以及居住在島上的歐洲人有所往來。

伊比斯將這一趟非比尋常、充滿危險與奇遇的旅行總結為詳細的報告和圖畫，於 1876 至 1877 年以俄文和德文發表了兩篇文章。他總共發表五篇關於日本和福爾摩沙的文章。〈福爾摩沙之

旅〉（Excursion to Formosa）一文刊登於 1876 年第一、二期的
《海事文集》（*Maritime Digest*）雜誌。1877 年，在伊比斯逝世
三個月後，知名地理雜誌《地球儀》（*Globus*）刊出修改後的德
文文章〈在福爾摩沙：保羅・伊比斯的民族學之旅〉（Auf
Formosa. Ethnographische Wanderungen von Paul Ibis）——加入了
島嶼的基本資料、地圖、原住民語言的詞彙表和十幅圖畫。該年
4 月 18 日，未滿 25 歲的伊比斯因不明疾病與世長辭。

　　保羅・伊比斯英年早逝，在俄國內外，他的名字被徹底遺忘
了整整一個世紀。但一百四十多年過去，在 21 世紀，史無前例
的〈福爾摩沙之旅〉中所取得獨一無二的民族學田野資料，以及
年輕准尉運用當時先進的理論和方法作出大膽而深刻的結論，仍
舊保有高度的科學和文化價值。

　　本書的第一部收錄兩篇伊比斯的文章：〈中日間的福爾摩沙
爭議〉於 1875 年 2 月 20 日刊登在《美景觀覽》雜誌，〈福爾摩
沙之旅〉於 1876 年登載在《海事文集》期刊。〈中日間的福爾
摩沙爭議〉一文在此首度被譯為中文（外文）發表。1876 年關
於伊比斯福爾摩沙之旅的俄文文章由基里爾・什克洛夫斯基
（Kirill Shklovsky）譯為英文，1877 年的文章則由克里斯蒂安・
巴斯（Christian Buss）自德文譯為英文。這些譯文於 1999 年發
表在里德學院（The Reed Institute）的「福爾摩沙」網站
（https://rdc.reed.edu/c/formosa/home/texts）。

　　居住美國的龔飛濤醫師將上述兩篇文章自英文翻譯為中文，於 2013 年發表於網路，並附上出色的注解（青年 Ibis 的臺灣之旅：https://ting-tau.blogspot.com/2013/01/ibis.html）。然而，譯者將兩篇不同的文章合而為一，這樣的作法雖然較易閱讀，但不完全適用於史料的學術研究。本書首度收錄 1876 年的文章（自俄文直譯的中文譯本），由年輕、傑出的臺灣俄羅斯研究者江杰翰博士翻譯。在由原文翻譯的過程中，我們經常參照龔醫師的譯文，並心懷感謝地使用他寶貴的注解。

　　本書的第二部則重建伊比斯的生平，分析伊比斯在文章中所呈現 1874 年的牡丹社事件（日軍「征臺之役」），比較伊比斯與美國博物學者史蒂瑞（Joseph Beal Steere, 1842–1940）的民族學研究，並探討伊比斯在描述、研究島嶼居民時所使用的人類學方法。

　　2014 年 3 月 2 日至 23 日，在筆者和俄羅斯科學院東方學研究所（ФГБУН ИНСТИТУТ ВОСТОКОВЕДЕНИЯ РАН）臺灣研究中心的發起與支持之下，兩位俄國旅人——費奧多爾·拉布金（Fedor Labutin，來自俄國車里雅賓斯克〔Cheliabinsk〕市）和謝爾蓋·馬爾科夫（Sergei Malkov，來自俄國米阿斯〔Miass〕市）——「跟隨保羅·伊比斯的足跡」，步行完成了為期三週的臺灣之旅。旅程中，他們見到島上的居民、蒐集新的資料。憑藉這些資料，可以進行有趣的歷史對照，比較島上一百四十年前與

今日的生活。[*Ferkel* 2014; *Samoylov* 2014]

2014 年 3 月，俄國遊客拉布金和馬爾科夫於恆春縣城南門附近。

　　旅行結束後，馬爾科夫——攝影藝術家協會成員——策劃了「回到福爾摩沙，1875／2014，未被遺忘的英雄，跟隨俄國海軍准尉保羅・伊比斯的足跡」影像文字專題展覽：四十三幅大尺寸圖卷，內容包括馬爾科夫拍攝的照片、伊比斯的圖畫，以及 19世紀臺灣的舊圖畫和照片。2014 至 2018 年，該展覽在俄羅斯的六個城市展出（米阿斯、車里雅賓斯克、莫斯科、塞瓦斯托波爾、聖彼得堡、海參崴）。2019 年 4 月，展覽本應於臺灣南部牡丹鄉開幕，但很遺憾，因為新型冠狀病毒疫情影響，展覽不得不延期舉行。

今日，多虧學者、媒體和所有計畫參與者的協力合作，在俄羅斯與臺灣，保羅・伊比斯的名字又再度為廣大民眾所知。伊比斯所作的五篇文章皆已被尋獲，並引介進入當代的學術視野；珍貴的文獻檔案也被發現，可以說明他的生平細節及其在研究島嶼的民族歷史與文化上的實際貢獻。[*Tsukamoto* 2004; *Fix* 2006; *Ferkel* 2014; *Lambert* 2012, 180-186; *Lambert* 2018; *Golovachev, Molodyakov* 2014, 15-24; *Golovachev, Molodyakov* 2018, 18-28; *Golovachev* 2018b, 21-28; *Golovachev* 2019d]

2017 年展覽於聖彼得堡，中央海軍博物館。

伊比斯的命運和學術遺產是俄臺交流史，以及使我們更加親近的「民間外交」的重要一頁。與此同時，伊比斯的一生與 19 世紀俄羅斯軍艦環球航行的整體歷史，以及俄國海軍軍官許許多多的率先發現脫不了干係。他對研究東方國家與民族、和平擴展「俄羅斯世界」的國際關係及其文化影響範圍，使他的名字可以和最知名的「軍人東方學家」及有傑出貢獻的俄國知識分子並列。

　　若少了眾多朋友、夥伴、贊助者的參與和支持，多年來對伊比斯生平與著作的研究、展覽舉辦、學術文章、書籍和在俄國與外國媒體上一系列科普文章與報導的出版，便不可能實現。此書是我們共同努力的成果。筆者特別感謝財團法人台灣研究基金會創辦人黃煌雄先生、臺北教育大學楊孟哲教授，與四位專業水準最高的翻譯人：江杰翰教授、吳進仁博士、劉柏賢先生與陳韻聿女士。

　　錯誤定不能免，但是希望臺灣讀者喜歡我們關於俄國水手和他的「福爾摩沙之旅」故事——保羅・伊比斯懷抱著極大的興趣、關注，而且圓融得體地描述這趟旅程，同時誠懇真摯地喜愛這座島嶼及島上所有的居民。

第 一 部

「這些小筆記」：

保羅·伊比斯論福爾摩沙之兩篇俄文文章

ЭКСКУРСИЯ НА ФОРМОЗУ

一、〈中日間的福爾摩沙爭議〉

原文刊於《美景觀覽》雜誌，1875 年 2 月 20 日

11 月 11 日（23 日）[1]，福爾摩沙爭議順利解決，特任大使大久保利通自北京歸國，長崎市為此熱烈慶祝。所有停泊軍艦和堡壘都鳴禮砲致敬，各色旗幟妝點市容，盛裝的民眾帶著過節的心情，沿街熙熙攘攘。日本人興高采烈：所有乘船而至的商販和買辦臉上無不閃耀著光彩，訴說他們如何打贏中國人，並從中國人那兒削了 50 萬兩白銀。這筆賠款讓日本人倍感稱心如意；他們原本就自視甚高，此刻更加如此。

不過，確實有值得高興的事！與北京朝廷長達數月的談判在最後一段時間出現不太好的轉折，每天都有可能宣布開戰，雙方都著手整軍備戰。戰爭結果看似無庸置疑：無論日本人如何驍勇，中國人必將擊潰他們，畢竟在現代戰爭中，金錢所扮演角色最為關鍵，而中國人所坐擁財富傲視全世界。然而，老成持重的天下帝國政府寧願支付區區 50 萬兩白銀的微不足道賠償，省得為瑣事煩心。

事發原因如下：

1　括弧中為儒略曆（舊曆）日期，前面是格里高利曆（新曆／公曆）日期。

　　福爾摩沙島及其上的天然資源和野人，迄今皆被視為中國所有。不過，嚴格來說，中國政府的實質權力僅及於在北岸和西北岸的殖民地，島內和沿其他海岸而居的野人有可能、甚至不曾懷疑，自己受天子統治。他們因此隨自己心意行事，偶爾出海劫掠。該島南岸和西南岸尤其適合發展海盜活動據點，當地有許多淺灘、常刮強風，因此船難屢見不鮮。

　　此地的海盜活動近幾年尤其猖獗。野人眼見自己的風俗不受干預，已不再滿足於劫掠小型中國帆船，而是開始攻擊無風失速或擱淺於他們所控制海岸附近的大型帆船。

　　距今約兩年前，一艘日本商船在此遇難。當地土著洗劫了船隻、殺害船隊全體 52 人，而且還吃了其中兩人。吃人一事讓日本人特別難受。如此侮辱國旗尊嚴之事令天皇惱怒，他因此下定決心懲罰囂張的野人們，終止這類無法無天的行徑。不過，為與中國保持友好關係，天皇先向中國政府提出要求，畢竟中方視福爾摩沙為其殖民地。特使副島種臣特此前往北京，在當地求見皇帝並獲接見，闡述己方政府的請求。謹小慎微的中國人回覆，他們的政府不為這些野人的作為負責，因為這些野人完全獨立自主，中國政府的權力僅及於福爾摩沙北岸和西岸的土著，而日本人有權隨意處置牡丹社（Bootang）民（也就是洗劫日本船隻的部落）。這樣的回應頗合日本人心意。國族尊嚴需要戰爭捍衛，而日本人實際上早已為此作好準備。與中國朝廷接觸不過是表示

禮貌，以維持與對方的友好關係，並排除中方插手干預。日本政府需要戰爭：狂飆又似無止境的改革，近期令所有人暈頭轉向。民眾都處於狂熱狀態，而鄰近長崎的佐賀去年爆發起義，情況更是變本加厲。此外，新徵稅賦引發國內下層階級普遍不滿並對政府不信任，而舊秩序的擁護者可沒坐視不管。新一場內戰蓄勢待發。當局有必要打破這般危險的騷動局面、以新事件轉移民眾注意力，而且這個新事件最好能一併展示政府各項新措施的好處。為達成以上目標，還有什麼比為民族復仇雪恥的戰爭更便捷的手段？更何況所有身著新法式軍裝、手持現代武器的年輕士兵，本來就渴望在全世界的注視下，在沙場上大顯身手。

就這樣，年初鎮壓了笨拙的佐賀暴動後，日方即派遣軍隊前往福爾摩沙。

準備工作進行得十分順利，該有的張揚都沒少。日方 5 月初就派了幾艘軍艦到瑯嶠[2]灣（在島嶼西南岸，北緯 22º 7'），3000人部隊登岸，令土著大吃一驚。本次出兵由可敬的武士西鄉從道[3]將軍指揮。日方在長崎和瑯嶠間建立了適當的往來水路，以利艦隊及部隊補給新鮮糧食、裝備和其他。

---

2 即今日的恆春。

3 西鄉從道（1843–1902）：明治時代的侯爵、政治家、軍人，曾任海軍大將（1898）、日本帝國海軍元帥（1898）。

Débarquement des troupes japonaises à la baie de Lang-Kiao, Formose.
(D'après une gravure japonaise.)

日軍到福爾摩沙瑯嶠灣登岸。
圖片來源：*Imbault-Huart, C. L'ile Formose, histoire et description.*
Paris: Ernest Leroux, 1893, p. 132.

　　位於瑯嶠的村落共有 4500 幢馬來[4]和中式小屋。當地多山，土壤肥沃，但文化不發達。土著親切歡迎日本人，給他們數千英畝紮營，也同意低酬為他們工作。中國人則只在乎自己的口袋，不管命運將他們帶往何處都一樣。他們在這裡從事運輸，漫天要價。

　　日本人紮營後，安頓下來並開始等待後續。可惜，野人們很快就以殺害一名士兵終結了這個宜人的閒適狀態。事發經過如下：

4　即原住民，伊比斯認為他們有馬來血統。

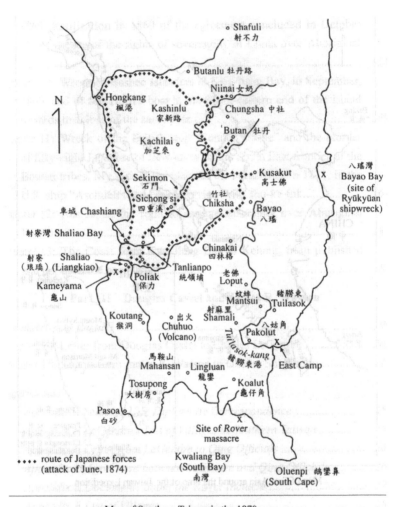

Map of Southern Taiwan in the 1870s

臺灣南部，1874 年日軍出兵路線圖。

　　5月9日（21日）晚間，數名士兵離開營區，到周邊地區走走。他們聊得忘我，或許也聊了來自東京或長崎的小道消息，以至於未注意自己已過分深入山區。他們後來終於察覺到，有3名他們認為是中國人的陌生人早已祕密尾隨許久。日本人停了下來，陌生人也是。這很可疑。討論頗長一段時間後，日本人決定詢問陌生人意圖。3名士兵離開同袍，走向陌生人禮貌探問。不過，被臆測為中國人的那些人不但未回答問題，反倒舉起古老的卡賓槍，並開槍射擊。一名日本人倒地身亡，另一名肩部受重傷，第三名則拔腿狂奔逃逸。在日本人從驚惶恐懼中清醒過來前，被他們誤認為中國人的野人割了死者的頭，接著毫不受阻礙地竄入灌木叢中。當下追擊野人並沒有好處，勇敢的戰士們大概也不考慮這麼做。他們很快來到營區，叫醒所有人。

　　隔天早上，一部分日本部隊穿過山林，攻擊了位於距營區約7俄里[5]處的島內土著村莊，焚燒、破壞並摧毀目光所及之物。村長、他的兒子，以及其他30名男子遭殺害（村內原有70人），頓失父親和丈夫的婦孺震耳欲聾的哭聲甚至觸動了日本人。一份長崎報紙就帶著柔情描述日本人如何手下留情，放過所有老人、婦女和孩童，彷彿這是人道典範。當天晚上，僅有7人犧牲的勝戰隊伍回到營區。他們帶回一堆從土著那兒奪來的老舊武器，權

5　1俄里約相當於1066.8公尺。

充戰利品，包括許多弓、塗有毒物的箭、刀、矛、中國製燧石武器及其他。

　　這就是日本人軍事行動的開端，被日本報紙描述為一系列與大自然和各類貧乏作戰的驚人豐功偉業。在這些文字中，日本人像是小普魯士人：嚴格的紀律、絕對的服從和超乎尋常的英勇，就是部隊主要特質。與此同時，我們也聽見關於領導層不合、營區內部失序和普通兵懦弱膽怯的說法。普通兵據稱在熱病肆虐時，徹底喪失鬥志。但無論如何，日本人得逞了。他們往島內深入燒殺，簡直讓野人膽寒，直到中國人出手制止他們從中取樂為止。

　　以下是"*The Rising Sun*" 所述日本人出征後續的一些細節：

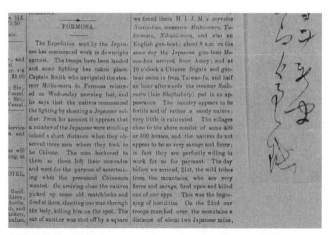

長崎市的英文報紙 *The Rising Sun*，1874 年 6 月 5 日，頁 2。

5 月最後一天，營區受命準備出征牡丹社。這個部落比其他的要強大，對日本人特別不友善。牡丹社民住在山區，村莊防禦堪稱堅實。他們幾乎未開化，特別凶狠粗暴。6 月 1 日，分成四團、配有火砲的日本部隊分頭往山區挺進。他們配有各項長期儲備，預定 3 日早上會合。

一如在陌生野地常見的，他們被迫與許多未預見的困難搏鬥。良好道路和精確地圖都付之闕如。出征第一天還下大雨，雨水沖壞原本就狀況不佳的大路小徑，行動難度因此提升了十倍。河水上漲、溢出河岸，淹沒河谷大片區塊。由於河水湍急，人員、火砲和行李難以運送，且有安全風險。多虧有合理的調度，人員也精神昂揚，過程堪稱順利，只有一人淹死。他們所經之處環境惡劣：陡峭高山、難以穿越的樹林，和又滑又窄的小徑。他們大多露宿山巔，以就近採集地瓜、獵捕水牛及野豬為食。

途經土著部落的地盤時，他們並未遭遇重大抵抗。土著樂意對日本人表示順服，甚至提供糧食。然而，踏上牡丹社和高士佛社（Kusakut）地盤後，日本人的境遇起了變化。他們常和野人有武裝衝突。野人肆無忌憚地從灌木叢和山崖後方往日本人射擊，日方多人受傷。野人的村落空蕩蕩：所有居民，除了幾位可憐的老人和小孩，在日本人到來前即已離村，在樹林裡躲避。日本人毫不留情，燒毀所有東西。

The Japanese Expedition (1874) against the Botan Savages.

1874 年，石門之戰。

以下是日本人遭遇的所有部落，其名稱、人數和主要特質：

牡丹社……250 人　非常殘酷野蠻

射麻里社……220 人　友善

高士佛社……190 人　殘酷野蠻

蚊蟀 Mancutto……175 人　友善

加芝來 Kachirai……105 人　溫和

Pottomimn-?………160 人　溫和

八姑用社……155 人　溫和

射不力……142 人　溫和

Osuanto……130 人

老佛 Robutto……120 人

四林挌 Shinakyaku……120 人

龍鑾社……114 人

Biki⋯⋯90 人

Puttekin⋯⋯86 人　殘酷

豬勝束社⋯⋯74 人　溫和

楓港⋯⋯60 人　溫和

竹社Chiksha⋯⋯52 人　凶惡

龜仔用社⋯⋯50 人

其中一些部落與中國人混居，其他的則完全由馬來人[6]組成。他們大多愛好和平，願意臣服於日本人，但牡丹社和高士佛社全然野蠻，不承認任何法律。除了老舊火槍和其他戰利品，日本人還把一名 11 歲的女孩送到長崎。這名年輕的俘虜引發大規模騷動。在她被留置和展示的海關大樓裡，有大量民眾會集，每個人都想瞧瞧那些放肆吃掉他們同胞的可怕野人到底長什麼模樣。可憐的小女孩因此不得安寧。不過，她不太注意為數眾多的造訪者。他們出於習慣性的客氣試著逗她開心，她則無意識地接受他們給的各種無用玩物，接著同樣無意識地把玩物放一邊。女孩孤身一人，大多時候都在哭泣。6 月 15 日，她被送往江戶，想必是為了讓天皇瞧一眼。各界推測日本人會讓她接受良好教育（也就是教她如何一邊演奏三味線，一邊悲哀至極地啼哭——這

6　指原住民。

「臺灣島牡丹小女年十二歲」，森田峰子，《中橋和泉町松崎晉二寫真場》，頁 57。

被視為女性教育的精髓）。還在海關大樓時，躺在女孩身邊的火槍是中國製舊物，長度約 4 英尺，口徑很小，槍托短，屬燧發槍，相當單純的武器。裝填的是以竹製彈筒包覆的中式粗糙火藥，以及一些錫碎塊；若沒有錫，則用磚。由於對手的防禦系統相當原始，日本人的損失無足輕重；假設福爾摩沙人擁有的是另一種軍備，日本人的出征大概就無法如此圓滿落幕了。奇怪的是，甚至不可原諒的是，我們的歐洲和美國投機客竟錯過這麼好的發財機會，未及時提供野人有膛線的步槍及其他致命武器——就算是在歐洲被淘汰的也好。

就這樣，軍事行動進展得十分順利，郵務所傳皆為捷報。日本人歡欣鼓舞，彷彿新的殖民地、新的富油水舒爽之官職近在咫尺。日本官員也極度渴求這一切，已預見各色各樣前景。然而，這個美好前景很快就分崩離析。

中國人至今對日本人所有政治行動都採取靜觀、笑而不語的態度，一如大人看著活潑好動的孩童淘氣耍猴。不過，他們終於

察覺，孩子玩得過火了，該讓他領教一下家長的權威。

　　早在 5 月中，日軍在福爾摩沙的統帥西鄉從道將軍即收到來自北京的信函，內容是和氣地建議他停止活動、盡快撤出，因為中方希望以外交手段解決問題。然而，西鄉從道拒絕在己方政府未下達相關命令的情況下領受中方好意。他隨即展開出征行動。不過，很快地，江戶方面要求他回到營區，並在與中國朝廷談判期間中止軍事行動。

　　談判展開。中國人如今竭力以各種方式證明，日本人無權在福爾摩沙建設殖民地，牡丹社和其他地區皆受中國管轄，而中方僅准許日方就具體受辱情事懲罰土著，絕非允許其將土地據為己有。日本人則以簡明論據否定上述說法。他們指出，僅居民承認其律法者得成為土地主人，而有鑑於中國人自承無法管束牡丹社民，中方自是無權介入該事務。雙方商議許久，各自堅持己見並要求對方接受。與此同時，在瑯嶠營區，熱病正肆虐著。炎熱氣候和雨水，加上無所事事，對部隊的健康和心情皆造成負面影響。

　　終於，日本此刻在北京的全權大使大久保利通領悟到，光憑言詞無法自中方獲取任何成果。他因此訴諸最後手段並宣戰（10 月底）。如此勇敢果決的作為令中國人印象深刻，他們沒料到會有這樣的狀況。日本人確實沒在開玩笑，證據比比皆是：備戰工作如火如荼進行，艦隊和部隊在長崎集結，蓄勢待發。中國人想，自己沒什麼好怕的：儘管日本艦隊和軍隊目前較中國的要組織完

善，因此最初幾次交手勢必得吃敗仗，然而隨著時間推移，人力和財力因素終究會占上風，更何況戰場是在中國，而非日本。

　　不過，中國人選擇了和平（雖然這稍嫌可恥），而非戰爭衍生的麻煩和危險。他們一步步小幅退讓；歷經長時間的猶疑不定後，雙方同意以下：

　　中方支付日方 50 萬兩白銀（1 兩白銀相當於 1.33 墨西哥幣）；其中，40 萬兩白銀用於彌補福爾摩沙出兵開銷，10 萬兩白銀則用於補償遭遇船難並被牡丹社民殺害的琉球人其家庭。該遇難日本船隻多由琉球居民擔任船員。接著，中方形式上宣布，日方當時確實有權如他們所為般行動；日方則承諾全面撤離福爾摩沙，並將島嶼連同所有〔日方的〕建物和防禦工事交由中方處置。此外，關於牡丹社地盤是否屬於中國，此問題將不再議。[7]日本政府接受以上所有條件。大久保利通結束北京事務後，回到家鄉，獲盛大歡迎。

　　那麼，日本人以勝利者之姿結束這場與中國的糾紛，過程中未流血，也未破產，而且一身清白。他們的成就前所未見：他們迫使中國人承認自己有不誠實行徑。此外，這樣的福爾摩沙爭議解決方案，同時也為另一個長期以來造成中日兩帝國間不愉快的問題劃下句點：中國數度主張對日屬琉球群島擁有主權，雙方直

7　伊比斯注：款項定於 12 月 20 日前付清；在此之前，日本人應離開福爾摩沙。

到近期都還無法釐清群島主權歸屬。不過，中國人如今為琉球居民在中國所轄海岸遭遇海盜，並因此蒙受損失一事支付賠償金。如此一來，中國無異於承認日本對琉球人的管轄權，老問題因此不該再提。

假設中、日兩國一如預期交戰，而中方也一如預測獲勝，可能的後果將包括日本國庫空虛、貿易與工業活動停滯、進步停擺，而以上現象可能引發日本新一波內戰，帶來又一次政變，正起步發展的國家將陷入衰退。在日本，幕府的勢力仍強大，且正等待適當事由以伺機而動；現任政府吃敗仗將是再好不過的〔幕府起動〕理由。

我們只能同情目前住在日本的中國人，他們如今處境淒涼。日本人趾高氣揚，對這些中國人不無輕視譏嘲：「從你們的人身上削了一筆！怕了吧！」儘管中國人有各種說法，包括富裕的中國憐憫貧窮的日本，因此施捨一些銀兩；他們很清楚，假如事實是貧窮的日本付錢給富裕的中國，這確實比較好。況且日本人壓根兒不願相信中國人慷慨異常。

對於福爾摩沙爭議如此獲和平解決，一些商人可能也感到不捨。他們已採購大量各式武器，如今卻只能賤價售出。

保羅‧伊比斯（P. Ibis）

二、〈福爾摩沙之旅〉

原文刊於《海事文集》雜誌，1876 年

（一）福爾摩沙島

抵達打狗——島嶼地理概述——
氣候及其產物——福爾摩沙之中
國屬地——人口——港口與商
貿——傳教活動

1876 年第一期的《海事文集》
雜誌（Maritime Digest）。

日軍征伐福爾摩沙[8]以及後續的
中日糾紛，使這座島嶼成為眾所矚目
的焦點。我知道，尤其在民族學方
面，關於島嶼內部的研究仍然相當欠
缺，於是有了前往當地一遊的念頭，期望藉此認識島上居民的生
活與風俗。想到或許能夠提供有關他們的新資訊，我的意願又更
加堅定。

　　「阿斯科爾德號」護衛艦於 12 月底到達香港，即將長期停

8　指日本於 1874 年的軍事行動。

泊。在那裡，我向布琉梅爾將軍大人[9]陳述了我的計畫，請求准予我離開護衛艦，給我實行計畫所需的假期。大人對我的志業表示支持，允許我暫離崗位兩個月，使我有機會認識了一些歐洲人從未接觸過的原住民部族。

我迅速為旅行做好必要的準備，並於 12 月 28 日[10]搭乘澳大利亞的「佩勒姆號」（Pelham）帆船離開香港。這艘船前往打狗載貨，對我而言，打狗是不錯的起點。在香港和福爾摩沙之間亦有輪船通航，每月兩班，自香港開往淡水和打狗，但下一班船還要等候許久，所以我只好乘帆船出發。不過，我也並未因此節省多少時間——由於風勢強勁，我們在香港附近滯留了很久，直到航程的第十三天才抵達打狗。多虧了香港朋友的盛情，我帶著介紹信拜訪當地的傳教士和商行代表，他們給予我許多實用的建議，熱情款待，並且對我的計畫表達誠摯的支持，對此我甚是感激。

考量到我所擁有的時間，我擬訂了以下的計畫：由南至北走過整座島嶼，盡可能多拜訪一些原住民部落，採集他們語言的詞語，丈量他們的身體。我希望能夠藉此更加明確地判定福爾摩沙

---

9 費奧多爾‧雅科夫列維奇‧布琉梅爾（Theodor J. Brümmer, 1819–1889）：海軍少將（1871）、中將（1881），曾指揮俄羅斯太平洋分艦隊（1873–1875）。他出生於愛斯特蘭省，是保羅‧伊比斯的同鄉。

10 此為儒略曆日期。

保羅‧伊比斯 1875 年福爾摩沙之旅的路線圖。

原住民的起源——他們分散成許多小而獨立的部落，在各地的特殊環境中生活，彼此之間在生活形態、語言，甚至外觀上都有所不同。

當然，實現這個計畫比最初看起來困難。在福爾摩沙，沒有馬匹，也沒有騾子，轎子不但貴，而且只能通行在已知安全無虞的道路上，所以我不得不一直步行。我所雇用的漢人挑夫膽小怯弱，也是一大阻礙。漢人不論如何就是不敢踏入山地人的地盤。「傀儡」（野人）一詞對漢人而言與死亡無異。我打算沿著島嶼東岸北上，但這樣一來需要更多的儲備資源，而且漢人腳夫又不夠勇敢——上述情況壞了我的計畫。

在此，我會努力呈現一切見聞，至於我個人的冒險奇遇，則不會有太多著墨——只在有助於描繪當地生活的必要之時才會談及。

然而，在進入正題之前，容我簡要概述福爾摩沙的地理。

頂峰約達 1 萬 2,000 尺的高聳山脈幾乎從中貫穿整座島嶼，

將之分為截然不同的兩半。東半部多山而且蠻荒，植被茂密，居民為馬來人種。西部則是肥沃的低地，種植稻、糖、檳榔和其他熱帶氣候的物產，人口稠密，居民為漢人。主要山脈西邊，與之平行，在某些地方有較為低緩的丘陵串連，一階階上升至約3,000 尺。這個美好的地帶大多為已經接受漢人文明和統治的原住民所有。

除了北部以外，福爾摩沙屬於熱帶氣候——因為受東北季風影響，北部冬季寒冷又多雨。在淡水，往往兩、三個月看不見太陽。雲、雨、霧交替，太陽極少出現，群山經常籠罩在陰沉的雲霧之中，整個地方瀰漫憂愁陰鬱的色彩。不過，此地的夏天大多是好天氣。在島嶼其他地方，緯度 24º 以南，東北季風盛行之時是最佳時節——天空總是晴朗無雲，空氣乾淨清新，白日溫暖，夜晚美好。但到了 4 月，隨著季風終止，炎熱來襲。乾燥無風的時候，酷熱更教人難以忍受——土地和石頭灼熱，河流與瀑布乾涸，植物焦乾枯萎。5 月，西南季風挾著雨水到來，連日傾盆大雨，直至 9 月。7 月的雨勢最為強勁，然後逐漸緩和，待東北季風起才完全停止。伴隨著雨，蚊蚋、蜈蚣、蛇也跟著出現，沿海的林地常有熱病肆虐。8 月，所有的河川都滿溢氾濫，峽谷、谷地皆成了湖泊，水從山上四處傾瀉而下。但雨後不久，一切又回復往常的平靜。也就是說，福爾摩沙南部只有兩個季節——受到兩種季風影響的乾季和雨季。在北方沒有如此分明的差異，由冬

入夏、由夏入冬的過程要緩和得多。

　　在臺灣經常發生地震，但並不強烈，僅止於輕微的搖晃；有時伴隨地下的轟鳴，誰也不記得地震曾經造成破壞。然而，嚴重散落、扭曲碎裂的山區岩層，還有抬升出水面數百尺的龐大珊瑚礁岩是劇烈火山活動的證據，說明了這座島嶼在史前時代經歷的巨大變化。

　　至於動、植物學，我的知識太過有限。只能說，福爾摩沙植被繁茂，南部地區令人想起——我所認識的——菲律賓群島，北部則像日本，而非中國的海岸。兩年前，美國人史蒂瑞[11]曾到過此地，據說他發現了許多新的品種——動、植物都有。

　　全島皆有農耕——糖、稻米、甜薯、番薯、薑、小米、小麥、玉米、豌豆和豆子、芝麻、花生、各種蔬菜、鳳梨、香蕉、芒果、甜橙和柚子、番荔枝、荔枝和龍眼、木瓜，以及島嶼中南部尤其茂盛的檳榔。北部產茶、靛青，一些地方有菸草和扇葉棕櫚，檳榔則較為少見，而且長得不好。我只在打狗和臺灣府[12]的

11　約瑟夫・比爾・史蒂瑞（Joseph Beal Steere, 1842–1940）為自然學家，研究領域包含動物學、鳥類學、考古學、人類學。1870 年從密西根大學畢業後，為蒐集生物學和考古學收藏品，以及有關土著語言的資料，而去了亞馬遜一年半。1873 到 1874 年，他在福爾摩沙待了六個月。隨後，他訪問菲律賓、印度尼西亞及馬來西亞，並返回美國，成為密西根大學的名譽博士（1875），後來成為動物學和古生物學教授（1879）。[Eskildsen 2005]

12　今臺南市一帶。

庭園裡見到了椰子樹。人們說，這些樹不常結果。

福爾摩沙北部的山區有廣大的樟木林和優良的建木樹林。基隆附近有煤炭和硫磺泉（硫酸鹽）。不久之前還發現了幾處石油源。

關於山，所知不多：由數種富含礦物的板岩構成，岩層大多向東傾斜。

中國屬地位在福爾摩沙的西部和北部，納入福建省，由北而南，劃分為以下五區：

淡水廳，主要城市為竹塹，

彰化縣 —— 彰化，

嘉義縣 —— 嘉義，

臺灣縣 —— 臺灣府，

鳳山縣 —— 埤頭。

以上各區域皆由三、四品的文職官吏治理，他們又受臺灣府副總督（官階為道臺[13]）管轄。

有關福爾摩沙的人口數量，不同資料之間有極大出入。根據中國的清冊，人口超過 1,000 萬（依《海關報》，光是在臺灣縣

---

13 道臺：島上職位最高的中國官員。

一處就有 700 萬人），按李仙得將軍[14]（前美國駐廈門領事）的看法，則不到 300 萬人[15]——這個數字看來較為可信。大部分的居民為來自福建省的漢人移民。原住民相對較少，從我到過的地方看來，在整座島上，他們的人數大約在 15 萬 6,000 至 20 萬之譜。

福爾摩沙海岸缺乏良港，這也是島嶼內部開發仍少、商貿不盛的原因之一。

在西部沿岸，僅有打狗能夠全年通航，而且只能容納吃水深度 14 尺以下的船隻。臺灣府的錨地毫無遮蔽，只有 12 月至 3 月間能安全停泊。北部海岸較好，有兩座不錯的港口——淡水和基隆，但也只能容納不大的船。淡水的河口沙洲滿水位時約 17 至 21 尺，但大浪經常阻礙通行，即便是對吃水 14 或 15 尺的船隻而言亦是如此。基隆港長而且有良好的屏障，但也只有港口起始處深度足夠，可以容納大船停靠。

依據《天津條約》[16]，這四座港口自 1858 年起開放與外國通

14　李仙得（Charles William Le Gendre, 1830–1899）：美軍將領、外交官，於 1866 至 1872 年間出任美國駐廈門領事，自 1867 年起多次造訪臺灣。他於 1872 至 1875 年間任日本外務省福爾摩沙問題顧問。

15　1905 年福爾摩沙有 303 萬人居住。

16　《天津條約》：1858 年中國和西方列國於天津簽署的一系列條約。直到 1860 年，第二次鴉片戰爭挫敗之後，清朝皇帝才確認了這些條約的效力。

商。貿易大致集中在淡水和打狗。兩港皆設有海關署，且各有分支——前者於基隆，後者在臺灣府。自打狗和臺灣府輸出糖，從淡水——茶、樟腦及煤炭，自基隆出口煤炭。進口則以鴉片為最大宗。廈門的商行幾乎掌握了所有的對外貿易，在每個港口皆有自己的代理——目前在島上的六家公司之中，僅有一家獨立運作。至於戎克船貿易，中國人隱藏了一切相關消息，所以不甚明朗，但看來相當興盛，超越與外國的貿易。整體而言，在中國，同本國貿易相比，對外貿易的獲利微不足道。戎克船自福爾摩沙將糖、米、油、樟腦、靛青、漁產、林木運往大陸，並供給福爾摩沙漢人所需的一切國內製品。

　　福爾摩沙的傳教活動目前侷限在漢人和開化的原住民之間。整座島上有 10 位傳教士——5 人屬於長老教會，是博醫會成員，5 人屬於道明會。其中又以前者最為熱心。他們在島上各地已建立大約二十處據點，信徒人數可觀。傳道者自漢人養成，大部分確實具備相當的教育水準。除了精通母語，他們還要能夠讀、寫拉丁字母——傳教士試圖以拉丁字母取代複雜的中文字圖形。所有的祈禱書、新約聖經和詩篇皆以拉丁字母印行。在各傳教據點設立的學校裡，便是以此教育孩童。這個新辦法在馬來人之間特別成功——他們說漢語，但不識中文字。

　　天主教據點皆在馬來人當中，他們多半比漢人更能接受基督宗教。漢人講究實利，並不特別追求死後生活的幸福。在漢人眼

中，傳教士遊手好閒，談論可笑且完全無用之事，因此在他們當
中信仰基督教者如此之少。

（二）打狗和東港

> 港灣和打狗城──居民──糖貿易──猴山──從打狗到東
> 港──東港溪：城市和堡壘──通往琅嶠的路上三名中國士兵
> 之死──漢人基督徒

　　打狗是個不大的城鎮，出於當地小但美麗的港灣而顯得重
要。港灣是由抬升出水面的珊瑚礁形成，礁岩把兩座山──馬鞍
山和猴山──連結在一起，如此一來也將 6 里長、1 里寬的潟湖
與海隔開。潟湖的入口在北端，寬度僅 300 尺，所以此處往往有
強勁的漲退潮海流和激浪、漩渦，而船隻只有趁滿潮或海岸風轉
變的時候可以進入。即使錨地波濤洶湧，潟湖內總是平靜。可惜
的是，除了最北的部分，潟湖內布滿珊瑚礁岩，而且非常狹小，
僅能行舢舨和木筏。有一條小河注入潟湖北部，淡水自然阻礙了
珊瑚成長，因此留下一處深達 9 俄丈的盆地，猴山為盆地提供良
好的屏障，阻隔了西風和西北風（當地的海風）。河流沖積物在
底部鋪上細小的淤泥，於入口處形成沙洲，低水位時大約水深
11 尺。這座盆地就構成了打狗港灣。因為港內狹窄，不能下

錨，船隻都停靠北岸。

打狗港。
資料來源：Thomson, J. *Voyage en Chine. Formose*. Notes by A. Talandier. *Le Tour du Monde* (1875), p. 213.

　　中國政府正在港灣入口處修築防禦工事。堡壘將坐落山上，數百兵士忙著修建上山的道路。我沒能看見這座堡壘的設計圖，也無法確定它將是石造，或像埤頭、東港、瑯嶠的要塞一樣，以泥土建成。

　　小城位於入口兩側，北邊由歐洲人居住，南邊（礁岩）主要為漢人。歐洲人的房子風格漂亮，露臺綠意環繞，安排得很舒適──在熱帶地方皆是如此。唯有一座建築顯得格格不入，模樣沉重而陰鬱，石牆厚實，屋頂下設有槍眼。那是荷蘭人統治福爾

摩沙時期的遺跡，如今成了糧倉。漢人區則是髒亂而貧困，建築不甚合宜，根本不太像是城鎮。居民不到 2,000 人。

在打狗和臺灣府的歐洲人合計約 25 人。因為在兩座港口皆由相同人士掌管公司事務，許多人於兩地交替居住，有時在打狗，有時在臺灣府。只有傳教士、海關人員和引水人固定於一地居住。

打狗有六家商行，臺灣府有四家。兩港的貿易額共計約達 250 萬兩[17]。

從以下數據可以得知，出口以糖為大宗：1872 年出口額共計 1,252,391 兩，其中光是糖便占了 1,142,779 兩。漢人商家和小地主零散購買，然後成批大量賣給歐洲人。這麼一來歐洲人雖然得依賴漢人，卻也省下許多瑣碎的麻煩。他們的關係很好，彼此互信，即使生意皆是口頭安排，沒有書面簽印和保證，據說也不曾有過漢人蓄意違約的情事發生。許多漢人也已自行租用船隻，與歐洲人競爭。雖然目前尚不至於影響對外貿易，不過漢人商業航運漸增，最終也可能造成損害。

冬季——亦即 12 至 4 月——是糖產量最大的時節，貿易最為熱絡，夏天則相當平靜，船隻也少。

糖由福爾摩沙出口至英國、德國、瑞典和挪威，近來運往澳

17　伊比斯注：3 兩等同 1 英鎊或 25 法郎。

大利亞的量也特別地多。

　　進口的貨物以鴉片為主，在打狗和其他港口皆是如此。本地的需求非常大。幾乎可以肯定地說，福爾摩沙三分之一的漢人人口吸食鴉片。在 1872 年從打狗和臺灣府進口的 1,016,453 兩貿易總額中，光是鴉片便占了 819,235 兩（大多來自瓦拉納西）。

　　雖然打狗和臺灣府隸屬同一海關管轄，各項統計數據也都合併計算，但打狗的貿易量遠比臺灣府大。

　　猴山是打狗近郊最有趣的地點。此山是自水中隆起的巨大珊瑚，高1,100尺，四周有沖積的低地環繞。在從海中抬升的過程和後來的地震中，山的形狀一定有所損傷，若以想像填補，就能看見與環礁的描述相符的形象。

　　爬猴山非常不容易——尖銳的珊瑚、細小的塵土、偶遇的長得很高的草和多刺的植物大大耽誤了路程，但山上的全景足以慰勞途中的辛勞。其實不必爬得太高，就能看見壯麗雄偉的景致在眼前展開，只要海洋、山岳、茂盛的植物和開闊的天空相互搭配，就有這樣的風景——各式各樣的畫面，從最嚴峻、蠻荒到完全的平靜與和諧。這裡的風景較為平和：背景中山巒的色調柔和，山與海岸之間的平原上，一座座綠油油的農園和竹林消失在淺藍色的遠方。近景則是城鎮與港灣，顯得生氣勃勃。潟湖內水面平靜無波，海上東北季風激起波浪，兩者迥然不同。在變得黑暗的海上，頂著白色浪頭的波濤滾滾而來，拍碎在陡直的峭壁

上，發出巨響。停泊的船隻劇烈搖晃。沿著沙嘴，一道道白色的碎浪延展成寬闊的一帶，和黯淡的沙、幽暗的植物、岸邊淡綠色的水形成強烈的對比。沙嘴的另一邊則是潟湖——平和如鏡，倒映出城鎮、海岸和天空，一切顯得清朗且寧靜。

順道一提，我在潟湖東北岸發現了硫磺。源自山上的的細流散發濃烈的硫磺味，此處潟湖的淺底覆蓋著一層藍黑色的淤泥——也有相同的氣味。

1月11（23）日星期六，我展開我的第一趟探查，前往福爾摩沙南部，目的地為瑯嶠。

福爾摩沙南部至今惡名昭彰。當地的居民以好戰、狡猾、殘忍著名，自古從事海上劫掠。在此地遇難的船會被打劫，而上岸求助的人們則遭到無情殺害。沒有人阻止這些海盜——中國人非常害怕他們，而且不認為有必要干預他們的事情，幾年前李仙得將軍的嘗試同樣是徒勞無功。直到日本人堅決的舉措才終止劫掠的行為——看來是永遠不會再出現了。根據日本人和中國人簽署的約定，後者要為福爾摩沙所有的海盜事件負責，而原住民短期之內也不可能忘記日本人嚴酷的打擊。結果，連中國人都振奮起來，和他們展開和平談判——就最初看來，可能會有好的結果。瑯嶠和其他幾個西岸據點都已經有中國軍隊駐防，原住民絲毫沒有干預他們的建築工事，雙方還建立了貿易往來。道臺也親自前往瑯嶠，希望以贈禮締結漢人與原住民領主之間的情誼。

　　我個人看來，通往瑯嶠的道路並不危險，但我還是得雇用兩名挑夫隨行。他們並不完全相信原住民的善意，不過也希望在與原住民接觸時我不會冒險。我的其中一名挑夫略通英文，可以為我翻譯，另一名能夠下廚，也很有用處。

　　1 月 11 日天剛破曉，我在傳教士 R.[18] 的陪伴下離開打狗。R. 要去東港做禮拜。我們乘高掛著席帆的輕舟穿過潟湖，接著不得不沿著稻田和蔗田間的小徑，步行越過和猴山一樣由珊瑚組成的馬鞍山，終於來到沙灘。沙灘是由東港溪夏季的大水氾濫形成，上頭有許多東港溪的支流經過。這段路格外令人疲倦。我們的腳陷入鬆散的沙土，烈日烘烤，風捲起一團團濃密的細沙，穿透衣裝，使我們從頭到腳都覆蓋上了沙土。過河時主要還得靠挑夫背負，只有幾處有竹筏可渡。這一片由沖積沙土形成的沙灘，沿著河的兩岸從東港往北北東方延伸大約 40 里，一直到山腳下，現在寬約 4 至 6 里，但由於河水變淺，所以一年比一年擴張。我們在炎熱的沙土上走了 4 個小時，疲乏難耐，然後到達東港，在當地的傳教屋投宿。

　　東港位於北緯 22º 28'，經度距格林威治 120º 27'0，坐落在同名的河流的出海口。人口約 2 萬人——全是漢人，其中大部分（將近四分之三）以漁業為生。漁產是本地輸出的主要商品，銷

---

18 李麻（Rev. Hugh Ritchie）。

往打狗、臺灣府和廈門，米和糖也出口廈門。商貿皆以戎克船運輸。城鎮看上去並不富裕，除了一些石造的店鋪和廟宇，所有的屋舍——從牆壁到地板，若有地板的話——清一色是由竹條編造，只有屋頂是乾草做成。這樣的建物是為了應付河川嚴重的氾濫，洪水淹沒的範圍年年擴張，沖走成排的房屋。

甫建立不久的要塞位在城外約半里處，樣式與我在福爾摩沙見到的其他中國堡壘無異。這些建築通常為方形，各邊不超過200 步長，四周有一、兩道淺壕圍繞。要塞四邊的角落皆設置了附有槍眼的稜堡。土造的胸牆外側是約 70 度的斜面，裡頭則呈數階下降。牆高 12 尺上下，牆基厚約 16 尺。槍眼之間的雉堞上偶爾可見五顏六色的紋飾，而要塞的整體外觀保持得乾淨，甚至漂亮。每一邊的胸牆上設有三、四座竹造的衛哨崗位。正對著唯一的入口，距離大約 10 俄丈處，有一面石板，內側以鮮明的顏料繪有老虎——軍人的徽章。堡壘內部的配置如下：正對著入口處是軍官的營社，還有幾門小砲。幾乎在正中央，有一座平臺，幾俄丈見方，與胸牆同高，平臺上有竹子搭成的守望塔和旗桿。其餘的空間則是兵士的營舍——對稱分布、各自隔開的土造小房子。這樣的要塞可容納火砲四件和兵員千人。東港的堡壘是二合為一，亦即中間有一牆分隔為二，兩側互不相通；各半有駐軍、官員和各自的旗幟。堡壘長 300 步，寬 180 步。

我在貧困、髒亂、惡臭的城市裡逛了許久，然後回到傳教

屋。我很滿意，總算擺脫了到處跟著我的一大群好奇的人們。R.
告訴我一則令東港人非常不安的新聞：從南方傳來消息，道臺和
原住民的協商並未成功，原住民殺死了他的三名士兵——就在光
天化日之下，在距離人們居住的村落不遠的開放道路上，如此放
肆，大家都為之震驚。我的挑夫非常害怕，差點要返回打狗，因
為羞愧，加上工資優渥，才留了下來。

　　夜裡，在此地的小教堂舉行了禮拜，基督徒幾乎全都齊聚一
堂，大約有 80 人。由一位年紀輕輕的漢人主持。從他生動活潑
的動作看來，他宣道自如、有理。不過，我對禮拜的整體印象完
全不如預期，不得不強烈質疑漢人基督徒的虔誠。該俯伏敬拜的
時候，他們會先將草枕丟在地上，然後俯伏敬拜。唱頌歌的時
候，他們唱得震耳欲聾，但聽講時又打哈欠又打瞌睡。他們的歌
唱得沒有半點旋律，尤其令人反感。原來我的廚子也改信基督
教，他出席禮拜，別人做什麼，他就跟著做什麼，看著書、歌
唱，聽講時也跟其他人一起打哈欠。後來我們開心坦誠地聊天
時，我問他為何改信基督教，得到這樣直率的解釋：「那還用
說！」他說，「基督徒過得很好。有難的時候，其他的基督徒會
幫助他；生病了，醫生給他藥，在醫院裡免費治療他。除此之
外，死了以後還有無上的幸福和永生呢！」

（三）從東港到楓港

福爾摩沙南部的漢人村莊和村民──竹仔腳村──枋寮鎮和漁
港──原住民區域──當中的漢人村落──在南勢村與原住民
初次相遇──卑南族──從南勢到楓港的路途

　　星期天午餐之後，我與熱情的主人道別。R. 就自身的經驗
特別建議我，若不想被官吏阻礙，就要盡可能避開官吏，而且別
和任何人提起我拜訪原住民的意圖。身為醫生，他還教導我如何
在瑯嶠狂熱的氣候中保持健康，並祝我成功。

　　我想在竹仔腳過夜，那裡是醫療宣教團最南的站點。福爾摩
沙南部低地上布滿迷人的村落，因為這些村落，這一帶成了我所
見過最美麗的地方之一。竹仔腳即是其中的一個。這些村莊完全
隱蔽在高大竹林的濃蔭之中，檳榔樹和香蕉樹圍繞著一幢幢乾淨
的房子。這些村莊與其說是勞動人民的居所，更像是渡假小屋的
聚落。這裡的人似乎也比城市裡的人更滿足、幸福且歡快。在這
裡，見不到使人震驚的貧窮與困頓，也不會受到無賴和粗魯冒
犯，誠實和好客會留下最美好的回憶。此地的漢人，和在貿易口
岸遇見的漢人截然不同。商港的漢人像是染上了「賺錢熱」的迷
病，而有時歐洲人高傲的姿態更使漢人變得粗魯無禮，他們逮到
機會便以扭曲的事例和膚淺的觀察更加醜化漢人惡劣的形象。在

打狗，我曾經跟一位受人敬重、在中國居住已久的歐洲人聊起上海人、香港人的墮落。「是我們敗壞了他們──我們和我們的金錢。」他對我說。我並未相信他，後來卻也認同這樣犀利的評論，並且因為我對這裡的鄉下居民懷有偏見和疑心而感到慚愧。我到處受到誠摯的熱情招待，離開時，只能以禮物來回報他們的盛情──他們怎麼也不收錢財。我的行李總是公開放著，甚至出外幾天時也是如此，卻也不曾丟失東西。而這裡正是歐洲人尚未踏足的地方。

看來，竹仔腳的人們已經知道我打算在此地過夜──村長、神父和其他代表在大門口迎接我，領著我來到傳教屋。在那裡，晚餐已經準備好了。漸漸地，幾乎全村的人都聚集在屋裡，好奇地端詳我、我的衣服和物品。他們很喜歡我在東港畫的速寫，許多人請我為他們作肖像，我也就欣然答應了。總而言之，我和這些善良又好客的人們共度了愉快的夜晚。他們實在太過客氣，我外出到幽暗的竹蔭道透透氣時，他們竟然還拿著蠟燭陪伴著我。

13 日天一亮，我便出發，繼續行程。因為我的挑夫們不知道接下來的路，我又多雇了一位。

我們穿過一個美麗、生氣勃勃的地方。人們四處忙著工作──收割甘蔗、插秧、整地，還有沉重的大車在路上緩緩行進，因為車輪沒有上油，發出可怕的尖銳聲響。11 時，我們抵達枋寮（Pong-Liau），停下來用早餐並稍事休息。不過，因為

我無法擺脫身邊一大群好奇的人們，其實也沒能好好休息。

枋寮（北緯 22° 22'）是個濱海小鎮，規模不大，人口5,000人，全都以漁業為生。沿著海岸，有一排棚子，用來醃漬和晒魚。這些魚產自此地銷往廈門及臺灣府。漁人乘竹筏出海捕魚。在這裡，和在東港一樣，有數不盡的竹筏。竹筏的構造十分簡易：將 4 至 6 寸粗的竹竿以橫木連結在一起，使較細的一端全都稍微彎曲向上，形成船首，而較粗的地方就成了船尾。船身則有些凹陷。竹筏的兩旁安上可以活動的龍骨（船板），槳架很高，所以甚至能站著划槳。竹筏的前半部裝有桅杆，高掛著席帆，中央有時擺放木桶，放置食糧和其他必須保持乾燥的物品。長竹竿是竹筏不可或缺的配件，用來在平淺的水域避免碰撞。另一根竹竿較短，但更結實，穿越碎浪靠岸時使用——在船尾把竹竿插入水底，離岸的波浪才不會將竹筏往回拖。據說這些竹筏可以出海很遠，而且漢人駕船的技巧相當高明。在福爾摩沙西岸各地，因為淺灘和礁石遍布，小船無法派上用場，都使用這種竹筏。

枋寮有 500 兵士駐守。中國領地也就到此為止，接下來便是原住民的山地，只在沿岸有零星的漢人漁村——那些人都是膽大之輩，為困頓所逼，決定和危險的野蠻人為鄰，試著與之交好。原住民確實也容許他們住了下來——他們也需要漢人為他們提供武器、服飾和各種小東西。以前這些村莊無人管制，居民也無須繳納任何稅賦，直到日本人出兵之後，中國政府宣示了對福爾摩

沙南部各地的主權，派駐官吏和軍隊。

　　第一個這樣的小村莊是南勢，居民 1,000 人，距離枋寮 4 里。再往南 5 里是枋山，居民 100 人，再往南 1 里則是刺桐腳，居民 200 人，接著是楓港（Hong-Kong，或照當地的口音 ── Hong-Kang），居民 1,500 人，位於北緯 22° 11'，最後是瑯嶠（Long-kiao 或 Liang-Kiao），那裡有幾座村莊，居民共計約 1 萬人。在這些村莊裡，看不見任何悅目的風景，沒有綠意，也沒有竹蔭、姿態美妙的棕櫚和鮮綠的香蕉樹──美麗的熱帶景致不可或缺的細節。山上粗野的植物使這些村莊更顯陰鬱。這裡的居民，正如所有歐洲人尚未踏足的村莊裡的人們，善良、單純且殷勤好客。

　　離開枋寮的時候，我應挑夫的要求，將步槍和左輪手槍填上子彈。道路──或更準確地說，幾乎看不出來的小徑──在沙地和圓石之上，沿著海岸延伸。山愈來愈靠近海岸，地貌愈來愈荒涼嚴峻。最初我們偶爾還能遇上整理過的或被留下的耕地、棄置的農場廢墟，但很快便完全沒有了人跡。

　　一個半鐘頭過後，我終於看見南勢村簡陋的小房子。受不了正午的炎熱、疲憊和口渴，我繞進村子裡。

　　市集的廣場上，混雜的人群正忙碌著──高談闊論的漢人男女和持長刀、矛及火槍的半裸原住民，還有戴著鮮亮串珠、頭髮裡插著花朵的女子。「傀儡！」我的挑夫驚聲尖叫，指著野人，

而我心裡則是歡欣悸動。這確實是福爾摩沙的原住民，是馬來人──我正是為了他們而來到這裡。

我一接近，原住民女子便四處逃散，躲入小屋，男人則躲在漢人背後。但我以三燒（中國的米酒）、火藥和各種小東西將他們漸漸吸引過來，於是得以記下了一些他們語言的詞語，甚至還替兩、三個人畫了像，至於我決定要做的身體測量卻是怎麼也辦不成──我勉強量了一個人的頭，但我的鐵製彎腳規把他嚇壞了，他一脫身馬上就逃得不見蹤影。

我很想去拜訪他們在山中的村落，但沒半個原住民願意為我領路。必須要先知會頭人（首領），通報我要贈與他的禮品，他若同意接受贈禮，他們才會為我帶路。但因為到他們聚落的路途遙遠，這些準備至少要花上三天，而這麼長時間空等對我而言太久。再說，還不知道頭人會不會接待我。我所接觸的中國人只是笑，意味深長地以手劃過脖子。

這些原住民屬於強盛的卑南族（Pilam）。他們的勢力範圍北與漢人的土地接壤，東則據說遠達太平洋海岸。人們還說，他們在山裡有幾個大村落和幾座山谷，谷地裡某些地方相當肥沃。漢人早已到過那裡，但總是被擊退。據說，最近一次失敗的嘗試發生在 1870 年。

卑南人身材中等，體格強壯，肌肉發達。膚色呈淡古銅色。他們的頭形和臉孔像是馬來人：前額平直、不高，顴骨突出，下

顎特別寬。兩眼平直，相當深邃但略窄，是不太純的褐色，眼神生動。鼻子寬而稍扁，偶有小隆起，鼻孔微翹。嘴巴寬大，唇豐厚但好看，而且輪廓鮮明。耳朵本身不大，但耳垂因為穿入直徑大多超過 1 寸的圓形瓷片而被撐得非常大。髮色黑中帶褐，直而粗。鬍鬚十分稀疏。眉毛漂亮，但大多不濃密。整體的面相看起來沉靜、嚴肅，常若有

卑南老人。
資料來源：Ibis, Paul. "Auf Formosa: Ethnographische Wanderungen." *Globus* 31 (1877): 184.

所思，甚至顯得陰沉。女人亦同，相較之下是中等身材，但不漂亮，臉部特徵很不勻稱，頸項短，肩膀對女子而言又太高，不過胸、臀的形狀倒是不錯。

　　男人的衣著如下：臀部緊緊綁著藍色布巾，腰間再繫上彩色腰帶。有的人——大多是老人——這樣便足夠，其他人則會再穿一件滾紅或黃色邊、有圓形銅鈕扣的藍色輕布短外衣。頭髮塗上某種濃厚的油脂，某些地方以紅線編在一起，纏繞頭上，束以藍色的窄巾。一部分的頭髮落在額前，修剪過，長度不過眉毛。他們手上戴有銅環，耳上有瓷飾，瓷飾的正面繪有紅、藍色的中式

圖案。至於刺青，不論是卑南族，或在更南的部落裡，我都未曾看見。

　　我在此地所見的女人全都穿得像是漢人，身著寬鬆的白長褲和短袖藍上衣，上衣兩邊有開衩。頭髮梳得平整，繫在腦後，以一道道紅帶子和纏繞整頭的黃色大串珠裝飾。有些女人的手上戴著約十條細金屬環，或者更多，手指上有許多戒指。

　　卑南族的武器包括 2 尺長的木柄直刀、約 10 尺長的竹竿附以 6 或 9 寸利刃製成的矛、以堅韌木頭製成的簡單的弓配上皮製的弓弦和鐵箭頭（無毒）的竹箭，還有火繩槍。火繩槍的槍身長 4 尺，槍托只有 1 尺。彈藥是中國粗火藥混以錫塊，裝填於竹彈筒中。彈藥筒裝在網袋裡，背在身後。火繩纏繞在身上，而裝火藥池用的細火藥的小角器則掛在頸部。除了弓，這些武器都是向漢人購得，而當地漢人的武裝亦是相同。卑南人的衣物和各種飾物也是用獸皮、鹿肉、花生等物品與漢人交易換得。漢人往往會特別準備原住民需要的東西。

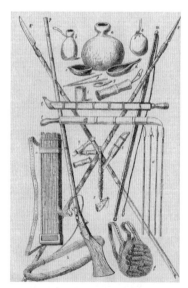

福爾摩沙南部番人的武器與工具。
資料來源：Ibis, Paul. "Auf Formosa: Ethnographische Wanderungen." *Globus* 31 (1877): 198.

我繼續上路時，已經 5 點了。在路上，我們遇到一群武裝的漢人，共約 20 至 30 人。他們見到我們一行只有 4 人，很是驚訝。在這條通往瑯嶠的路上，漢人總是一大群人結隊而行，而且一定要攜帶武器。天黑時我抵達刺桐腳，在一處人家中過夜。主人是位漢人，看來相當富裕。我從他口中得知，居住在附近山中的原住民名為大龜文，有時會下山來交易買賣。

翌日早晨（1 月 14 日），有 5 名漢人加入我們。他們想去楓港，卻不敢獨行。一路上，就我了解，他們講述了許多關於原住民的可怕事情，看來對我的挑夫們有不好的影響——他們突然開始說服我，說從楓港到瑯嶠，經由海路要比沿岸陸路要好得多，但我並不同意。半路上我們遇到一位乘坐轎子的官吏，轎子四周有約 70 名兵士隨行，持長矛、叉戟和其他落後的武器。就憑這樣的兵器，也難怪中國政府非勇猛山地人的對手。

與我們才經過的地方相比，楓港較不那麼嚴峻。在那裡，山直接自海中升起，形成巨大的峭壁，而在此地，山稍微後退，形成不大的谷地。谷地上種植甜薯和稻米，引於此地入海的山澗之水灌溉。

日軍出兵征伐的時候，有一小隊日本人曾經駐紮楓港。他們居住的草房如今由中國駐軍占用—— 一群漫無紀律且武裝簡陋的烏合之眾。

（四）射不力部落

　　和射不力部落的原住民相遇——通往他們領地的路途——到達
　　射不力社——頭人接見——和原住民共度的夜晚——返回楓
　　港——射不力部落：外貌、性格與服飾——聚落與房屋——射
　　不力人的工作、智力發展、風俗和社會結構——貿易

　　在楓港，我又遇見了原住民。他們才做完買賣，正要回山裡
去。這些原住民屬於射不力社（Saprek），居住在楓港東北方的
山上。漢人說他們是善良又愛好和平的民族，與他們關係良好。

　　我請他們享用酒和豬肉——他們最愛的美食。我和他們處得
很好，於是他們在短暫猶豫之後同意，只要我願意贈送頭人像樣
的禮物，並且請全村喝酒，就帶我回去。我當然同意了，於是我
們於中午時分離開楓港。我只帶了翻譯和最為必要的物品。

　　走了一里，我們已經被荒野圍繞。我們沿著山和河岸而行，
四處皆是茂密的樹林。繁盛的藤蔓交錯纏繞，神奇地將森林接成
連綿不絕的一大片。四周萬籟俱寂，偶爾有不知名鳥類的尖銳鳴
叫或遠方瀑布單調的聲響打破這片寂靜。我們一個跟著一個，沉
默地走在狹窄的小徑上。小路曲折蜿蜒，有時沿著清澈的溪流，
有時順著幽暗的樹林。經過大約兩個鐘頭，我的同伴們停下腳

步。其中一位吹了一聲又尖又長的口哨，從遠處傳來應聲，接著可以聽見乾樹枝折斷的聲響、灌木叢分開的雜音，還有女人的說話聲。終於，樹叢分了開來，走出幾位年輕女子。她們是我同伴們的妻子，在此處等待丈夫歸來。見到有完全陌生且帶著武器的人同行，她們困惑地留步，有幾個人又回頭躲進樹叢裡。但丈夫們安撫了她們，她們於是安心地加入，有的還嬌媚地整理身上凌亂的衣著。

山谷。
資料來源：Thomson, J. *Voyage en Chine. Formose*. Notes by A. Talandier. *Le Tour du Monde* (1875): 229.

　　我的朋友們將部分的物品交給女人們分擔，喝了幾口三燒提振精神，便示意出發上路。小路直入山中，而且非常陡峭，所以某些地方必須手腳並用攀爬。我揮汗如雨，大自然的壯麗風景和我的浪漫處境對我而言已經不具任何魅力——我只羨慕我的同伴們，他們背負重擔，卻還能自在又輕鬆地行走，彷彿置身平地，還笑我氣喘吁吁、停下腳步喘氣。不過我的翻譯也不比我輕鬆。就這樣，我們爬了 1,500 多英尺，翻過了山嶺。

　　在我們下方，有一座山谷——狹窄、蠻荒，而且一片死寂。

另一邊幽暗的山巒籠罩在陰鬱的烏雲之下，到處皆是森林——漫無邊際而且陰沉。山谷中只有一條狹窄的河流蜿蜒如帶，閃耀明亮的銀色光芒，卻也使周遭的一切看起來更加陰鬱。年輕的馬來人卡藍保比其他人待我更親切。他在這裡稍停片刻，以手環示整座谷地，驕傲地宣布：「射不力！」然後他指出下一座山脈，告訴我鄰近部落的名字——「牡丹」。那是福爾摩沙南部最強大的部落。

我們漸漸往下走，下降約 500 英尺，然後繼續在山坡上行進，幾乎是水平方向。終於，自遠方傳來狗吠聲，森林開始變得稀疏，一刻鐘後，我們見到前方陡峭的山坡上有草屋散布，相互間隔著相當大的距離，那就是射不力社。

入村落之前，我的同伴們停下腳步。其中一人在距離我約莫30 步外將一支竹竿插入土地中，卡藍保要我對著它射擊。如同所有的福爾摩沙山地人，他們有這樣的風俗：進入村落之前，陌生人皆必須對著目標射擊。在我看來，這麼做的目的並不在於卸去他的彈藥，而是為了確認他在狩獵上的靈活敏捷——這是他們相當重視的。我擊中了目標，原住民對此感到滿意，有些隆重地帶領我來到第一幢小屋的院子。他們要我坐著等待頭人到來，自己也安靜地在我身旁坐下，與此同時，女人們將酒倒進大的葫蘆容器中，然後躲進屋內。

頭人走了進來，他才中年，其貌不揚，但看上去非常高傲。有個小男孩走在他前面，頭上舉著寬大的皮箭袋，裡頭有一支箭。箭袋上塗了鮮明的顏色——我在中國官吏的會客室裡也曾經見過這樣的徽章（圖案是橘色背景的龍）。頭人漫不經心地看了眾人一眼，沉默地在為他準備好的長椅上坐下。小男孩將箭放置在他的腳邊，然後恭敬地退到一旁。誰也沒動一下，眾人不發一語，蜷曲地坐著，用手環抱膝蓋，臉上表情看起來若有所思，表示明白當下情況的重要性。看見這樣的隆重場面，我幾乎要笑出來，但同時又感覺自己的處境很是尷尬。我清楚明白，在這個場合我是主角，大家都等著我開始典禮，但我卻不知道應該從何、如何開始而不失禮節。我愈是拖延，頭人的臉色也就愈陰沉。坐在我身邊的卡藍保終於解決了我的疑惑：他略通中文，低聲在我的翻譯的耳邊說道，是時候向頭人獻上禮物（kamshu）了。於是我從袋中取出黃絲巾、金屬鍊子和幾排人造珍珠，把這些財寶放置在他的膝上。他莊重地收下，並同樣莊重地擱在一旁。接著是一幕怪異的場景：頭人表示希望我們結為兄弟，起身，將他的左手放上我的右肩，並要我照著做。有人遞給我一杯我贈與頭人的三燒。他接下酒，隆重地鞠躬，喝了一口，將酒交給我。我也喝了一口，然後又還給他，如此做了三次。我們放下手，成了兄弟。儀式進行中，在場的所有人都保持絕對的靜默，結束之後，大宴接著展開。斟滿的酒行過一輪又一輪。大家都喝得很暢快，

頭人也不例外，沒過多久，便響起熱鬧的對話和宏亮的笑聲。淡酒在我可敬的兄弟身上很快便起了作用——他漸漸把自己的莊重姿態全忘了，喋喋不休得有些不得體，還哈哈大笑，揮舞雙手，離去時搖晃得很厲害。在他身後，人們將裝著酒的容器跟著帶走，然後人群便散了。我身邊只剩下卡藍保。這就是他的房子。

　　黃昏時分，帶著箭的男孩又跑來我們這裡，他宣布頭人想要見他的兄弟，並領著我們來到他的屋子（Tapáu）。他的屋子位在村落中央，比其他房屋更大一些、建得也更精細。主人親自在門口等候我們，穿著大概是整套的禮服。他身上有兩件呢料短外衣——裡面的是紅色的，滾黃邊；外面的為藍色，帶紅色的袖口和前襟，前襟上繡有同樣顏色的花紋，還有幾排日本 10 分錢銀幣。他沒有穿褲子，而是圍著兩條有各色邊飾的黑色圍裙，長度只及他晒得黝黑的大腿的一半。脖子上有大大小小的串珠，頭髮以絲帶、串珠、小鈴鐺和我送給他的鍊子裝飾。手上有手環，耳朵上大片的圓形玻璃鏡閃閃發亮。他的妻子和美麗的女兒們也都盛裝打扮，尤其後者。漢人女人笨拙難看的衣裳經過改良，穿在她們身上十分靈巧，絕妙地勾勒出她們豐腴的身形。她們的頭髮輕輕綁在腦後，纏著帶有條紋的窄巾，美麗動人。從顏色選擇和裝飾之適中有度可以看出細緻的品味，證明她們能夠打扮得美麗而簡單，不隱藏也不減損任何一分天生的美麗：除了白瓷耳飾和金屬手環，她們沒有穿戴其他飾品。

　　小屋的院子裡有幾群年輕男女正在彼此閒聊，美好生動，有如畫中景象。隨著我的到來，談話停止了，所有目光都投向這個從沒見過的外國人。頭人迎接我，像一般重要人物當著人群見面時一樣，客氣而親切，但也沒忘記自尊和自己高貴的地位。在最初的招呼之後，他隆重地邀請我進入屋內，裡頭已經坐了許多人，大多是看來受人敬重的長者。他還同樣隆重地遞給我由他親手裝填的菸斗——雖然我明白菸草並不太好，但卻也沒敢拒絕。然後，他對在場的人們說了很長一段話，語畢，大家都為我舉杯，也對著我說了一段又一段很長的獨白。當一切又都安靜下來，主人請我們進入房屋後半部的舒適空間，那裡有爐火光明照亮，給人很好的感覺。在地板上，在板子上已經備妥了飯菜，擺滿了中式器皿和各式各樣的菜餚，周圍放著大約三寸高的凳子——只有兩張凳子較高，是為頭人和我準備的。頭人讓我在他身旁坐下，然後其他的男人也各自就坐。所有人的酒都斟好了，主人舉杯起身，將酒噴灑在周圍，口中喃喃自語——大概是對惡靈的詛咒，畢竟他們並不信仰善靈。他又以米飯重複了一次。除此之外，喝酒之前，每一個人都將手指放進杯中，把酒滴在地上。女主人和她嫵媚的女兒們親自在桌邊服侍大家。在場所有人都關注著我，誰也沒吃，只顧著喝酒和招待我。這場筵席其實還真不差：有飯、魚，各式鹿肉料理、豆子和多樣蔬菜、甜薯、番薯、炒堅果，最後還有中文名為「the」（福建方言的「茶」）

的熱飲——事實上不過是煮甜薯的湯水。直到我起身離席，其他人才開始用餐，吃得津津有味。她們還為我端來漱口和洗手用的溫水，遞上菸斗，不過我先抽起雪茄，推辭掉了。

餐宴過後，一直聚集在小屋入口處的年輕人也進來了。剩餘的酒也端了出來，眾人開始縱情狂飲——除了女人之外，所有人皆熱情地參與。酒使眾人都開心起來，也逐漸消弭了大家最初所嚴格遵守的朝堂禮儀。在此之後，再也沒有頭人，沒有受人敬重的長者和謙恭的青年，只有酩酊大醉的人們。夜晚在喧鬧中結束，但卻沒有不快的事情。可以見得，射不力人很能喝。

我利用翌日早晨進行我平常的活動，也就是參觀村落和屋舍、畫圖、向居民詢問各種事情、記錄他們方言的詞語等等。用餐之後，我向盛情好客的頭人與他可愛的家人告別，他們贈與我一塊極佳的鹿肉和一袋花生。我不願冒犯他們，便不推辭，收下了這些不太方便的禮物，回贈其他東西——主要是火藥、霰彈和子彈。這些是他們非常需要的物品。

卡藍保和幾位青年送我到楓港，當夜並留宿作我的客人。第二天早上我和他們道別時，親愛的卡藍保幾近潸然淚下。他天真地試圖說服我回去並留下來，向我保證會經常給我吃豬肉。

在福爾摩沙遇見的所有部落之中，我最喜歡射不力部落。他們善良而單純，性格老實且誠懇。他們的需求不多，只要輕鬆工作，或部分仰賴大自然，就能滿足，所以生活過得自由自在、無

憂無慮，看來十分幸福，而且對現狀非常滿意。這樣的知足和其他良善的特質一同反映在他們誠懇的外貌中，展現出一種魅力。那種魅力有時會讓我們喜歡他人、信賴他人——雖然他們的外貌或許不太好看。不過，射不力人也不能說是不好看。他們的確矮小，但身材不錯。大部分人臉上的特徵大而不勻稱，但平和、明理、沉著的表情使他們看起來更顯高貴。膚色深，不過是乾淨的銅色。他們穿著整潔、漂亮，偏好明亮的顏色，特別是黃與紅——似乎是整個馬來民族最喜愛的顏色。他們對頭飾特別用心，豐富而多樣，頭髮大多是稍微修剪，以窄巾、細繩、黃色串珠或黃花編成的花圈和鍊子收束。他們看起來相當喜愛自己的武器——他們的槍總是仔細清理乾淨，刀柄、刀鞘和箭袋做得相當有品味，總是以粗獷的中式紋樣裝飾。

這個部落的女人身材曼妙，當中不乏面貌姣好者。她們的模樣歡樂、淘氣，眼神調皮，在服裝和一切動作中展露出質樸的媚態，由此可知她們相當清楚自己的優點，而且對自己的價值了然於心。不過，她們的處境一點也不輕鬆——她們包辦一切家務，在菜園裡耕種，還要照料孩子，而男人只從事狩獵和買賣。但男人們也溫柔地對待她們，不像在野蠻或半野蠻的社會中，男人往往將女人當成奴隸。

射不力社。
資料來源：Ibis, Paul. Auf Formosa Ethnographische Wanderungen. *Globus* 31 (1877): 182.

　　射不力社有 15 至 20 間房屋，沿著一條小路，各間隔大約 15 俄丈。村落周圍的樹林被焚燒殆盡，只剩下山頂的一小片。他們向我解釋，那是敵人來犯時大家的藏身之處。小屋以竹為基底，用稻草建築而成，外面再加上竹竿鞏固。房屋正面敞開，只有上部有陡直的屋頂覆蓋，放下作為遮棚，如此一來便形成寬而低的入口。房屋內部以隔板分為兩部分：光亮的前室供白天作息使用，陰暗的後室則是夜晚歇坐、寒冷季節睡覺的地方。小屋牆壁上有鹿角，上頭分掛著各式餐具和武器。住屋附近還有儲藏室及豬圈。豬圈也兼作廁所。

家庭用具——例如：碗、壺、鍋和煎鍋等——皆是向漢人購得，只有籃子、睡席和也用作枕頭的小凳子，以及各式各樣的葫蘆器皿是自己製作。

家裡養的動物只有貓、狗和豬。

他們主要的食物為鹿肉（他們保存鹿肉的技術很高明）、甜薯和米飯。他們厭惡禽類和蛋，我還未能釐清其中的原因。除了中國的三燒，他們還會以小米製成相當可口的醉人飲品，像所有的白酒一樣，他們稱之為 wáwa。吸菸、吃檳榔在男、女之間皆相當盛行。

就營生形態而言，射不力人介於狩獵與耕作之間。狩獵之外，他們也稍微從事農作，所以定居生活。但智力發展和社會日常使他們停留在原始民族的階段。他們只能數到十。他們沒有文字，也沒有特定的宗教，因此並無寺廟、偶像或護身符，也沒有祭司或巫師。他們只相信有凡事阻撓人的惡靈存在，這也就解釋了一切的挫折和不幸。對這些靈魂的崇拜只限於獻祭簡單的食物和酒。

自幼男孩便隨父親狩獵，女孩則幫助母親料理家務。性成熟之後，青年便會娶妻。若雙親健在，父親會為他找尋新娘，並且支付她的父母約定的聘禮——通常是織物或生活儲備品。若新郎無力支付，就會以服侍岳父替代。婚禮如同生命中其他重大的場合，都伴隨公眾的飲宴。擁有眾多孩子的婚姻生活是父母無上的

驕傲，因此他們非常喜愛、疼愛自己的孩子。長子是家中之首，受弟妹尊敬。女人雖然不被嚴格的禁忌拘束，但在與她們無關的事情上皆被排除在外。亡者就近葬在屋旁，墳上沒有墓碑。

　　社會生活也不複雜。頭人是部落之長，受眾人尊敬，但並沒有任何額外的收入。他的權力看來並不大，應是象徵意義大於實質效力。無法確定他的權力是選舉或繼承而來——在我看來，後者的可能性較大。在重要的場合，各家之長會聚集在頭人家裡，共同商議公眾之事。

　　他們並不知曉錢的價值，與漢人的貿易採以物易物。至於交易的品項，一方為獸皮、鹿肉、野味、鹿角、木材、木炭和少量的薑。另一方則是武器和軍品、布料、器皿、各種飾品、米、魚、三燒、菸草、檳榔等等。

　　根據楓港居民的說法，這個部落的人口約為 150 人。

　　以上便是我在語言不通、翻譯不大高明的情況之下，短時間內能夠獲得的所有資訊。

（五）瑯嶠

　　楓港與瑯嶠之間的地帶——與快番部落的原住民相遇——抵達瑯嶠——福爾摩沙南端——漢人區與原住民區——當地的原住

民——海盜——李仙得將軍和頭人卓杞篤——日本人出兵福爾摩沙及其後果——福爾摩沙南部的最新消息

　　從楓港到瑯嶠不過約 10 里，但因為道路不時經過陡峭而且相當高的山地，我們走了整整四個小時。

　　此處及整段海岸的山皆是由輕砂岩構成，岩層向東傾斜 20 至 30 度。在山與海岸之間有一些臺地，海拔約 50 尺以上，寬度可達半里。在臺地上可以見到各種貝殼和大片的白珊瑚。貝殼與珊瑚無論如何都不可能離開大海，因此應該可以判定，這整段海岸全是抬升而成，又或如今仍在持續上升中——沿著海岸線有一排排鵝卵石，部分已經被灌木覆蓋，便是後者的證明。在瑯嶠當地也有幾座珊瑚礁形成的山，大約高達 300 尺（目測）。這裡也是一片蠻荒，和北邊一樣，同樣是幽暗的山和峽谷，同樣是難以通行的密林。在半路上有被棄置的漢人農場，主人如今居住在楓港。據說，雖然時常有不友善的山民侵擾，他堅持了許久，但一次襲擊最終奪走了他的一切，使他不得不離開這個地方。緊鄰岸邊還可以見到兩、三處低矮石房的遺跡，很可能是由中國船員建造——他們有時會來伐木、燒炭。這便是此處人類活動的一切痕跡。

快番。

資料來源：Paul. "Auf Formosa: Ethnographische Wanderungen." *Globus* 31 (1877): 183.

在距離楓港 4 里處，我突然遇見了數名快番[19]部落的原住民——渾身髒汙、衣著邋遢，而且看起來非常可疑的傢伙。我的挑夫們認為，他們一定會朝我們開槍，所以立刻丟下行裝，拔腿就跑。我掏出手槍，堅決地威脅他們，才讓他們停下，回到我身邊。野人們困惑地看著這一幕。我走向當中距離最近的一人，從他手中取來已經點燃的引火線，用來點著了我的香

菸，這讓他們徹底倉皇失措。不過，我根本沒有心情開玩笑。他們骯髒、可憎的面孔完全無法令人信任，除此之外，他們也無從得知我是敵是友，更何況我與漢人——他們的死對頭——同行。但雙方的緊張漸漸緩和，尤其當我為了進一步展現我的友好，還讓我的香菸派上用場。結果，我畫了其中一人，甚至開始測量他，但倒楣的彎腳規又壞了好事。

到了水坑——琅嶠谷地的第一個村落——我才又看見了漢人。他們把我當成日本人，驚叫著——「日本！日本！」而在瑯

19 快番（Quajan 或 Quai-hwan）：射不力社東南鄰近聚落的居民，於 1921 年遷至獅仔鄉竹坑村。

嶠本地，居民大多不曾見過外國人，我也到處被當作日本人，就像之前被當成傳教士或英國領事一樣。俄國人是什麼人？和英國人有何差別？沒有人知道，就連官吏也不明白。在他們看來，所有的歐洲人皆是同一民族，說同一種語言——英語。不過，因為被當作日本人，我在和原住民相處時得以免於危險。他們都清楚記得，得罪日本人是很糟糕的事情，所以這樣的情況甚至還對我有利。

於是，1 月 16（28）日，自打狗啟程後第六日，我抵達瑯嶠。因為瑯嶠不久之前在歷史上留名，加上從此地出發至各個原住民部落參觀相當方便，我在這裡停留的時間比在其他地方更長。

福爾摩沙最南的十里與緊鄰的地區略有不同。在那裡，我們看見嚴峻的地勢，全為山地，森林密布且蠻荒。而在這裡，就在原住民的山地區域旁，我們又看到肥沃的低地，皆為漢人所有。

這片低地即是我在上文中所稱的瑯嶠谷地，寬度約占島嶼西部的三分之一，由北而南延伸約 8 里。不高而平坦的山嶺作為屏障，將之與海隔開，沿著整段西海岸自瑯嶠直到西南岬角。谷地有河流灌溉，有利種植稻米，四處皆是田地和相對繁榮的村落。其中，瑯嶠可以算是小城。根據官方資料，這裡的漢人達 1 萬人，駐軍 2,000 人。

原住民的區域大多也並不險峻。除了北部和東岸部分區域有

大片森林覆蓋，此地的植物相當稀疏，尤其南部更是如此。山頂大多裸露或有長鱗皮樹幹與雙羽狀刺葉的野生海岸棕櫚零星生長，在低地和潮濕的峽谷有灌木叢生。低緩的山間經常可以看見開墾過的谷地和平原，以及位置美好的原住民聚村落。

在這裡，在約 100 平方英里內有十八個部落，全都或多或少各自獨立，許多部落的規模甚至小到僅有 60 至 70 人。根據李仙得將軍的資料，他們互相結盟，以豬勝束社（Tuarsok）的頭人卓杞篤（Tohutok 或 Toketok）為領袖。不過，他在盟友間的權力微不足道。

因為地利，這些部落大多皆已脫離了原始狀態。他們從事農牧，按照漢人的方式耕種田地，狩獵不再是主要的工作。不論是在文化或智識發展、生活形態上都可以見到漢人的影響，有些部落甚至容許漢人居住，只是看起來並無通婚的情形。不過，還是有些部落因為地方不適合耕作，仍以打獵為生，和原始狀態相差不遠。當然，他們也跟其他部落往來貿易，間接滿足生活的一切必需，但自己很少離開森林家園，似乎害怕與更為進步的人們交往會喪失獨立自主。而福爾摩沙西部人口稠密、土地不足，漢人不斷進逼，原住民更必須捍衛家園和自由，這也迫使他們更離群索居，讓他們變得封閉、猜疑，甚至和其他原住民部落相比也是如此。有些部落——譬如牡丹——徹底自我封閉於難以接近的山中，劫掠、殺戮最終使他們得到可怕的惡名，讓漢人聞之色變。

不過，至少就我所見，這些部落如同福爾摩沙的其他部落，天性大致良好。若觸犯了他們敏感的自尊心，他們的確脾氣暴躁、容易動怒、報復心強，但卻也良善、好客，而且誠實——至少在一般的人際關係上如此。

福爾摩沙南岸常有船難，使海上劫掠事件頻傳。福爾摩沙的海盜惡名遠播，以極其大膽、殘暴著稱。不過此地的海盜只會襲擊擱淺岸邊或因為無風而近岸停泊的船隻，而且從未發展成如在巽他群島那樣的程度與完整的組織。李仙得將軍邁出了終結海盜的第一步：他與頭人卓杞篤聯繫，威逼利誘，要他保證往後不再殺害、打劫海難者，並且得提供必要的援助和保護。在這樣的條件之下，中國人也承諾在西南岬建築一座要塞，以便監督原住民。然而，寄望卓杞篤是不智的，他或許會老實地努力信守承諾，但他統領的部落勢力非常薄弱，對盟友並無影響力。因此，幾年之後，自琉球群島出航的日本船隻在東南海岸遇難，又遭到劫掠，54 名船員被殺死。這場屠殺的罪魁禍首是牡丹部落和龜仔用部落（Kuarut 或 Koalut）。

這起事件給了日本人最近一次出兵福爾摩沙的藉口。

在日本全境，有關琉球人遭遇的新聞被視為對民族的侮辱，不能被容忍，必須受到懲罰。政府也樂意支持大眾的情緒，決定依民意行事，而且國內政治也促使政府如此作為。但在採取任何斷然的行動之前，日本政府先轉向北京當局，要求名義上統治福

爾摩沙全島的政權為日本國民遭到殺害付出賠償。但中國人卻把責任推得一乾二淨，聲稱福爾摩沙南部的原住民並未臣服中國，所以日本人有權自行懲罰他們。對日本人來說，這真是再好不過了：這樣的回應不僅保證他們免受中國干預，更賦予他們任意處置海盜的充分權力，使日本人心生希望，期待最終能夠獲得海盜所居住的地區。出兵的準備工作周詳而且迅速，佐賀之亂平定之後，福爾摩沙行動也就展開。

　　我從各中、日報紙和目擊者的描述中，蒐集到了軍事行動的細節。

　　1874 年 5 月中，西鄉將軍率領日軍於瑯嶠登陸、紮營。漢人預見有機會銷售生活儲備品，從中得利，因而喜出望外，原住民則明白情況，馬上便採取敵對的態勢，殺害了幾名疏忽離營的日本兵士，給了日本人發起軍事行動的藉口。事情發生在 5 月 22 日（6 月 3 日）夜裡。翌日，西鄉將軍派兵入山，摧毀了一座原住民部落，殺害了村內大部分的男丁，當夜返回，只有非常輕微的損傷。

　　如此堅決的舉措、前所未有的居於劣勢的感覺，以及這樣可怕但卻應得的懲罰，使原住民對日本人有了正確的認識。他們見識到，日本人和中國人不同——可以殺害數以十計的中國人而不受制裁，但日本人強而有力，且遠遠凌駕在他們之上。因此，許多部落放下武器，自願向日本人投降。只有牡丹、龜仔角和高士

佛三社繼續反抗。

西鄉希望以果斷的一擊削弱他們，集中所有兵力對付最強大且頑固的對手——牡丹社人。6 月 13 日，日軍兵分三隊，從不同方向進入敵區。面對 500 至 600 名武裝簡陋的野蠻人，日本人並未遭遇太強的抵抗。然而，他們的處境有時也相當艱難——當地的狀況與他們作對：那個時節慣常的大雨、氾濫的溪水與強勁的水流，加上無路可行和對於極端嚴峻的環境缺乏認識，使日軍深陷困頓，造成許多未能預見的阻礙。除此之外，持續不斷的潮濕、酷熱和累人的工作，對軍隊的健康造成不良影響，許多人得了熱病。山地人則占盡優勢。對他們而言，兩方的實力太過懸殊，因此他們盡量避免直接交戰，而是肆無忌憚地從難以攀登的懸崖上對日本人開火，並以突襲與圈套使他們驚惶失措。不過，日本人的損失不大，雖然傷者眾多，整場戰役中陣亡者不超過20 人。

原住民的村落空空蕩蕩。居民全躲進森林中，那裡追擊他們是白費力氣，於是日本人所到之處就將一切燒毀。

原住民眼見日本人勢不可擋，加上己方損失龐大，意志消沉，戰役將盡已是無庸置疑。頭人 Arok 身亡，許多人也死在日本人的武器之下，加上饑荒和軍需物資短缺，原住民本來終於就要投降。但就在此時，西鄉自江戶接到指令，在與中國政府談判期間，暫時停止軍事行動，軍隊於是返回瑯嶠，沒能完成自己的

任務。

很難解釋中國人的干涉和他們在福爾摩沙問題中曖昧不明的角色。大概是因為目睹日本人出人意料之外的成功及其行動的力量，他們也預見了結果——日本在福爾摩沙建立殖民地。這是他們絕對不樂見的。但無論如何，征討福爾摩沙的軍事行動中止，外交爭端接著展開——愈來愈複雜，甚至可能導致兩大帝國最終決裂。不過，如我們所知，1874 年 10 月，一切以北京和約告終。

根據此和約，中國人必須賠償日本人 50 萬兩，部分支付遭福爾摩沙海盜殺害的琉球人的家庭，部分用於日本在瑯嶠的工事，並要為所有發生在福爾摩沙和中國海域的海盜事件負責。日本人則將福爾摩沙完整交與中國人，並必須於 1874 年 12 月 20 日前撤出瑯嶠。

日本人對福爾摩沙的征伐就此結束。其中唯一的失誤便是時機的選擇：假使他們晚四個月抵達，在雨季過後，便能少去三分之二的天然阻礙，也能避免熱病。但如今，他們折損了200多人——久留營中，消極死去。

軍隊在約定的時間自島上撤離。[20]他們離去當天，中國軍隊進駐瑯嶠，一天之後，日本軍營成為灰燼——中國人認為使用買

20　日本人提前了兩週，於 12 月 3 日撤軍。

來的東西有失體面，於是燒毀了一切。燒焦的木椿、日本器皿的碎片、大量的破瓶子，是可以證明日本人曾經在此停留的一切。不過，在福爾摩沙南部，日本的小硬幣仍舊相當流通。

中國才剛擺脫失去福爾摩沙部分土地的危險，這迫使中國人更積極地治理福爾摩沙人，尤其島嶼南端騷動的居民。日本人離開後，他們隨即展開與原住民頭人的談判，著手興建堡壘——在瑯嶠設了三座，第四座計畫建於山區。最初，一切都相當順利。野人們對於不久之前經歷的恐怖仍心有餘悸，同意停戰交好，就連強悍的牡丹社人都未加反抗。但過不到一個月，往日的仇恨又起，中國士兵在刺桐腳村附近遇害。官員並未立即制裁肇事者，而是上報北京。他們接到回應，由於新年節慶將近，當局無暇處理。此事本來大概可以就此平息，但一個月後（2月中）相同的事情又再發生，且規模更大：原住民受到前次得手而且未遭懲罰之鼓舞，夜襲楓港的中國營地，殺害了 90 人和官吏，自己只受輕微的損失。這場屠殺終於迫使中國人對原住民採取嚴厲的措施，決定使用武力懲罰他們。

於是，在福爾摩沙南部戰事又起，而這場戰役將如何結束——仍是未知。中國軍隊雖然人數眾多，但缺乏任何動力和愛國熱情，而原住民除了本身的勇猛，還有自我防衛的正當原則領導。

根據 1875 年 4 月我於福爾摩沙取得的最新消息，中國人的

狀況並不理想。當時他們被原住民圍困山中，軍隊受熱病折磨。不過有援兵自福州前來。

海軍領航員團准尉　保羅・伊比斯

（待續）

〈福爾摩沙之旅〉（完結）

（六）福爾摩沙南部的原住民

太平洋岸之旅——頭人以瑟和卓杞篤——日本船遇難地點——與射麻里部落狩獵——牡丹地區之旅——石門與新漢人屯墾區——射麻里、豬勝束、蚊蟀、八姑甪、高士佛、猴洞、龍鑾等部落——原住民村落

接下來我要簡單描述我和福爾摩沙南部的原住民親身接觸的經過。

我的行動必須非常保密。我在這裡遇到的官吏監視著我，顯然放不下心。他們——在合乎禮節的範圍內——使出各種理由和手段，企圖阻止我到遠處遊訪。這也可以理解，畢竟轄區內發生

任何與外國人有關的麻煩事，他們都得負責。他們有義務派遣護衛隨行，但我不願利用。我認為這樣的旅行方式不方便，而且極不妥當。因此，我並未告知任何人；17 日天一亮便離開了瑯嶠，隨身只攜帶槍和一個袋子，裡面裝著一些為原住民準備的禮物。我的目標是探訪東部海岸。據說日本人和歐洲人都不曾去過那裡，或至少未曾有人活著從那裡離開。

　　沿著一部分由漢人、一部分由日本砲兵鋪設的道路，我漸漸進入山中，大約三個鐘頭過後，遇見了一群武裝的射麻里社原住民，其中一人為我帶路。於是，我沒有在陌生的地方迷路，中午前後便抵達了射麻里社（Sabari）。我先在距離聚落 1 里之外的中國哨站登記。看來，射麻里人承認中國政府的管轄。

　　在村莊裡，人們親切地招待我。聽我解釋自己既非──據他們以為──日本人，亦未遭遇海難，而是從西邊來，他們非常驚訝。在這裡，我還遇見了一些來自其他部落的重要人物：猴洞部落（Kantang 或 Kautang）的頭人阿薩姆（Assam）和龍鑾社（Liong-ruan）的頭人都在其中。他們應射麻里社的頭人以瑟（Issek）之邀齊聚此地，準備參與第二天盛大的狩獵活動。

　　當天我去拜訪以瑟，他的屋子位於半小時路程之外。他在部落裡有位名叫魯比安（Lubi-ang）的代理人，是一位年邁、有些眼盲，但非常活潑且多話的漢人。以瑟很像是一位富足的農人，

過著隨心所欲的生活。他的屋子美妙地坐落於山林之中，雖然形式簡單，卻也建得乾淨雅致。內部擺設中式家具，相當舒適，並以鹿角、各式武器和其他的狩獵用具裝飾。整戶人家井然有序，他和妻子也給我很好的印象。離去時，我受邀參加翌日的狩獵，自是欣然答應了。

接著，我去了位於射麻里社東北約 4 里處的豬勝束社。我很好奇，想見卓杞篤[21]一面，但他喝得酩酊大醉，我大失所望，匆匆離開。我期待看見大名鼎鼎的卓杞篤是一位儀表堂堂、引人尊敬的人，但這樣的會面使我的幻想破滅。

當晚我在魯比安家中過夜，蓋著一件被打穿的日軍外套——大概是從陣亡者身上取來的。

天剛破曉，我便準備前往太平洋海岸，無視於人們關於龜仔用部落的強烈警告——看來其他的部落也畏懼他們。我再次獨自出行，其實也不需要嚮導，寬闊的河道就是最佳路標。

我沿著開發良好的谷地步行了一個小時，來到八姑用部落（Bakurut）。這是當地人口最多的部落之一。日軍征伐時也未

21　卓杞篤（Tohutok、Toketok、Tok-hu-tok、Tot-e-tok）。1874 年 5 月卓杞篤已經死亡，射麻里人以瑟（Issa，伊厝、一色）成為南方十六社的首領。伊比斯便是在以瑟家作客，和他一起狩獵。或許，伊比斯所見為卓杞篤的兒子或其他繼承者。[*Foreign Adventurers* 2005，ｃ．225]。

曾到達此地，[22]所以我的突然出現引起眾人一陣騷動——女人們和孩童尖叫逃竄，男人們則預先拿起武器，將我團團圍住，藉由各種手勢，試圖得知我的船在何處出事。我指向東方，於是為自己招來了嚮導，人數比我所想要的還多。出了聚落，田園消失了，接著便是森林，然後逐漸變成根本無法通行的密林。我們時而沿著河道而行，時而在森林裡前進，小心翼翼地穿過野蠻部落龜仔用社的領地，然後終於來到由河口形成一處不大的海灣。人們向我解釋，這正是原住民殺害日本船上琉球人的地點。船在稍南處遇難，他們大概是為了取得淡水而來到此地。在島嶼內陸可以發現這艘船和其他船隻的遺骸，搭架在溪流或坑溝上作為小橋。就在岸邊有兩間草屋，人們解釋，那是強盜們為了監視海洋和船隻而建的。

　　我的嚮導們確定了這裡並沒有毀壞的船隻，而且我也根本沒遇上船難。看得出來他們不是頂滿意。但他們就像孩子一樣，一下便忘記我欺騙了他們，馬上就拿這件事情開起玩笑。

　　用餐之後，我從射麻里社回來，出發去找頭人以瑟。狩獵活動正進入高潮。主人和我打過招呼，指派了我在狩獵連線上的位置。他們和我們的狩獵方式幾無二致：頭人住所後方的山谷全被

22　1874 年 6 月 11 日，一隊日本人在東岸這一帶上岸，並在小河出海口旁紮營。或許，他們確實未能抵達八姑角社。

圈了起來，在出口處，部落最重要的小隊和最優秀的獵人連成一線。不過，這個地方和獵人們實在新奇有趣，我甚至此生首次感覺自己是個獵人，而且還是如此熱血沸騰的獵人！狩獵非常成功。在以瑟腳邊躺著幾頭鹿，他親手取下了鹿角，切下最好的部位。在屋裡，獵人大餐已經準備妥帖，大家開動，展現出獵人的胃口。日落時，我好不容易脫身，午夜回到瑯嶠。眾人都對我安然歸來感到訝異。那位整天在我的住所旁看守的士兵還跑去向官員報告這件重要的事情。

　　這一次出行成功誘使我踏上另一趟——更加冒險的——旅程，往北，去牡丹人——這一帶的駭人怪物們——的土地。

　　我又得再次沿著日本砲兵隊鋪設的道路前進。在瑯嶠北北東方大約兩里處，有一條河自山中流出。這裡便是通往原住民領地的入口。此處如今設有兩座不大的要塞守衛，當時才要完工（第三座的規模更大，位於瑯嶠本地）。我在完全未經開發的土地上走了大約 3 里，進入一座不大的谷地，又看見了稻田和自綠意中探出頭來的紅色屋頂。這是新的漢人屯墾區，大約是在日軍征伐當時或之後建立。美麗的磚造房屋建築甚至有些豪華，可以看出屯墾者的富裕和他們在此地落地生根的意圖。在這裡，我找到四位願意為我領路的漢人，並繼續前進。

　　河谷再度變窄。一個小時之後，我們出了森林，走向河岸，福爾摩沙最令人驚豔的風景在我面前展開：河水從一道寬約 20

俄丈的幽暗隘口流出，兩側是幾乎垂直的裸露板岩，高約 500 多英尺。在峽谷深處，出現一片被茂密樹林覆蓋的橫向峭壁。那是通往牡丹人和高士佛人土地的入口，日本人稱之為「石門」。他們和原住民的一場血戰就在此地發生。原住民掩蔽在草木之中，絕望地捍衛這座天然堡壘。

漢人不願再往前走了，指著自己的脖子，表情害怕。但我不由自主地被雄偉的大門後頭那個神祕國度吸引，涉水而過，獨自繼續前進。此地極為蠻荒險峻，就和這裡的居民一樣。

然而，看來在日軍征伐之後，牡丹人已經遷徙，往更北去了。因此，我沒能在天黑之前到達可棲身的地方，只好露宿野外。受到夜晚水氣、寒冷土地和潮濕衣物影響，第二天早上我在嚴重的寒熱中醒來。多虧幾位原住民（大概是高士佛社的原住民），我才回到了漢人屯墾區，喝了茶，稍作休息，傍晚歸返瑯嶠。

翌日早晨，我已經康復，於是離開瑯嶠北上——這讓官員們高興極了。

也就是說，我在這裡遇見了以下的原住民部落：射麻里、豬勝束、蚊蟀（Vangchut）、八姑角、高士佛、猴洞、龍鑾（最後二者只遇見了頭人）。

這些部落的地理位置如下：射麻里社大約位於北緯 22º 4'，東經距格林威治 120º 48'。蚊蟀社在其北方，豬勝束社在東北，

八姑用社在東方，龜仔用社在東南，龍鑾社則在南方——看來是最南的部落。根據當地漢人的說法，牡丹社往東為 Cheenakei，Cheenakei 與八姑用社之間則有 Khoung-sia 和 Teeng-na。

上述部落或多或少互有共同之處，而且似乎都說同一種方言。許多人亦通漢語，有些人甚至能夠在某種程度上理解、使用複雜的中文字符。

他們個子不高，瘦小，而且身材不成比例，臉部特徵不勻稱，非常難看。膚色很灰濁，帶著一點病態的黃，或甚至有些綠色的色調。女性缺乏魅力——身形薄弱，神情抑鬱。只有蚊蟀社的女人看起來較高，不那麼難看，較有生氣。

男人頭髮剪短，留下頭頂的一小圈，綁成髮髻或編成不密實的髮辮——中國文明的頭號特徵。女人將未編成辮的頭髮以紅帶、成排的串珠或白色小鍊子收束，纏成辮子繞在頭上。在福爾摩沙中部的平埔人婦女之間，這樣的髮飾也格外常見。男人和女人都在耳朵上穿戴以普通木頭製成的小塊，形狀像是棋子。

他們的服裝是由漢服改

射麻里男人。
資料來源：Ibis, Paul. "Auf Formosa: Ethnographische Wanderungen." *Globus* 31 (1877): 199.

成，不過相當合適。男人穿著長度僅及大腿一半的短褲和藍色的輕短上衣，大多滾有紅邊。女人穿著與本地的漢人女子相似，著輕短衫和寬褲，但整身衣裳都明顯截短，頭上包裹頭巾。最常見的顏色——藍與黑，鮮少見到白色。她們的手環、串珠等飾品不多，而男人幾乎不戴這些首飾。

在食物、餐桌習慣和陳設方面，他們也與射不力社無異。一日三餐——早晨大約 7 時、正午和日落之前。

家中飼養的動物有水牛、豬、狗、貓、雞和鴨。

他們的武器與射不力社及所有福爾摩沙人的武器相同，但沒有任何裝飾。

他們種植稻米、小麥、小米、番薯、甘薯、香蕉和檳榔。

我所見到的三個聚落都坐落於山谷中的河岸上，沒有任何防禦工事。射麻里社大致上像是漢人村莊。房屋用生磚建成，以稻草覆蓋。家庭的所有成員通常都居住在同一片屋頂之下，有一排四角的房間，各有個別的入口，也代替窗戶。所有的房間外面皆以竹頂廊道相連。餐廳和一家之主的房間位於房屋正中央，兩側是個別的臥室、廚房、儲藏室等等。除了牆壁上裝飾的以葫蘆製成的器皿和鹿角之外，居家用具皆為中式。射麻里社規模相當大，居民達 200 人。豬勝束社則要小得多，但結構類似。八姑用社和兩者不同：這裡的房子建成不大的四角形，低矮的牆壁以竹編成並塗上泥土，屋頂很高且陡。每一幢小屋都分別建築在寬

敞、清理乾淨的空間,房屋之間有小菜園和水牛的牛棚。

　　人們懷疑這裡的原住民會蒐集人的頭骨,但在這些村莊裡我並沒有發現。或許,龜仔用社和其他類似的野蠻部落有這樣的風俗──他們有取敵人頭顱的習俗,因此這樣的假設不無可能。

(七)加走山部落

　　鳳山縣──萬金庄──前往原住民部落的路途和頭社──加走山部落:外貌、服裝等──返回打狗

　　很難想像有比鳳山縣──特別是鳳山縣東部──更迷人的地方。綠油油的農場和竹林交替出現,又或是數不盡的村落,為枝葉捲曲的棕櫚、香蕉樹和果樹環繞──這些樹木在山巒遠景的映襯下尤其好看,山的輪廓在無雲的蔚藍天空中又格外鮮明。這番明朗、總是多采多姿的景致充滿生命、力量和平靜的祥和,悅目動人。這片平原極為肥沃:糖、米、香蕉和檳榔生長得非常好,竹子可以高達 60 至 70 英尺,在村落周圍形成茂密的林蔭道。平原上人口極為稠密:西邊住著漢人,東邊則是接受了中國的文明與管轄的平埔番(Pepohwan)馬來人。

　　我在三天的路程之後抵達萬金庄（Bankimtsung）[23]。這個村莊位於北緯 22º 38'，東經距格林威治 120º 40'，坐落在同名的山腳下（山高 9,000 英尺）。村裡的居民全是勤奮的人們，個性歡樂、無憂無慮，有男性 300 人，大多信仰天主教。後來我對平埔族又有了更進一步的認識，所以先暫且不談。在此我主要關注鄰近的山地人，他們和我先前遇見的原住民有相當大的差異。

　　在萬金庄，我投宿在天主教傳教團舒適的屋子裡。真崇神父[24]是受人尊敬的道明會修士，誠心親切地接待我，很高興見到歐洲人。他已在福爾摩沙居住了 12 年。

　　萬金庄以東約 3 里，山自平原陡然抬升，一直隆起達到幾千英尺。加走山部落（Katsausan）就居住在此地，他們看來強大又人數眾多。這些山地人是漢人的死對頭，不過與平埔番相處和睦，並與他們有交易往來。因此，我不費太大力氣便找到幾位平埔青年，他們願意帶領我去加走山族的部落，並背負所需數量的三燒與檳榔——最佳的介紹信。村長張羅了一切，所以隔天一早我就能啟程。我的挑夫們知道加走山族有以漢人髮辮裝飾長矛的風俗，當然寧願待在山下。不過我還是要求翻譯同行。

　　一條小河——東港溪的支流——形成進入山區唯一的入口。

23　今屏東縣萬巒鄉萬金村。

24　楊真崇（Andres Jimenez 或 Andres Chinchon）神父：西班牙人，傳教士，於 1865 至 1866 及 1875 至 1878 年間在這些地方服務。

從寬闊的河道看來，雨季期間這條河應該相當大。河岸幾乎垂直抬升，有野生的草木叢生。通往山地人部落的小路先是沿著河道，然後升起入山，如同在射不力人的土地上一樣──不那麼陡峭，但卻高得多，在那之後，小路又再水平前進。

加走山人有幾個村落。我首先拜訪的村莊位在萬金庄約十里之外，漢人稱之為「頭社」，第二個村莊則名為「內社」。

頭社坐落於陡峭、裸露的山坡上，地勢相當高。所有的房子皆是以板岩築成──牆壁、屋頂、滑門、窗板都是這種石材。房屋背面緊靠著山壁，正面的牆不過約 4 英尺高，但因為屋頂提高，所以室內相當寬敞。屋內以隔板分為小的前室和設有爐灶的起居房。牆邊有低矮的長凳，鋪著原住民的竹席，人們就在上面睡、坐、用餐。屋內沒有其他家具。他們也使用一些漢人製造的器皿。每一戶人家前面都有不大的庭院，院子中央設有儲藏室──高架的草棚，以樁支撐，離地約 4 至 5 英尺高，基樁的上方以圓形的板岩石板封住，以防鼠類。房屋周圍有園地，栽植香蕉和檳榔。

據說其餘的村落也完全相同。各村都有自己的頭人，所有頭人又都服從居住在內社的總頭人。他還是個年輕人，而且相當英俊。

這個民族的飲食、武器、營生活動、文化狀態和發展程度與射不力人相近，但外貌、語言、性格和服裝則是大不相同。在這

裡可以看出更純正的馬來──或更精確地說，他加祿──成分。

男人較中等身材略矮，身材苗條而非矮壯，肌肉相當發達。他們的顴骨並不特別突出，鼻與嘴也不特別寬，眼睛大，為暗褐色，眉毛濃密。女人也不難看，眼睛大且動人。她們身材中等，但有些太過豐滿。膚色為淡銅色，老年人的膚色有些灰濁，頭髮比起黑色則更接近暗褐色。

加走山人耳朵上戴著普通的中式耳環。不分男女，許多人穿戴各式各樣大大小小的玻璃串珠、戒指、手環和鍊子。紋身亦是，不過只在手和手指上。

男性的服裝如下：他們不穿褲子，而是在腰間纏繞藍巾，像是短裙。穿藍色或黃色的短外衣，繫紅、藍或白色的腰帶，戴著同是這些顏色的頭巾。單肩披著一塊輕薄的黑色布料。衣裝上通常滾有顏色鮮亮的邊飾。他們的服裝繽紛，從不離手的武器新奇特殊，使他們的樣貌非常好看。女性的服裝如下：下身著長裙，上身的窄上衣側邊開高衩，袖子長而窄；小腿肚上纏著一片

加走山少女。
資料來源：Ibis, Paul. "Auf Formosa: Ethnographische Wanderungen." *Globus* 31 (1877): 215.

縫成襯褲模樣的藍色布料，頭上戴著淺色的大頭巾，寬大的皺褶落在頸上，上面還有綠葉頭冠。最受喜愛的顏色是藍色和淺藍。男女皆打赤腳。

根據很了解他們〔加走山〕的平埔人之說法，他們並不凶惡，但是貪婪，喝醉了更是狂暴而危險。

我在此地首次聽見原住民歌唱，獨特的旋律令我想起三明治群島。他們沒有樂器。

1月21日星期六，我回到打狗，停留休息數日。路上我經過埤頭——鳳山縣首府，與其他漢人城鎮並無任何不同。在埤頭有重兵駐守。我計算有多達十二座要塞，或應該說是鞏固加強的營舍，呈對稱分布。

（八）臺灣府

福爾摩沙的糖業和糖廍——臺灣府——荷蘭統治時代的遺跡：
熱蘭遮城‧安平——福爾摩沙的歷史資訊

從打狗到臺灣府的路單調又無趣。幾乎到處都種植蔗糖，經常可以遇見大村莊，但既不美麗也不乾淨。

在途中，我參觀了幾家糖廍，得以大致觀察當地的製糖產業。甘蔗栽植在寬鬆的行列間，相距2至3英尺，不需任何照

料，一年就可成熟。收成之前要手工除去甘蔗的葉子，若蔗葉已經完全乾了，也可以火燒除去，然後砍收，直接送至糖廍。榨汁必須在三日內完成，否則汁液會變質。糖廍的構造全都相同：分為兩部分。第一部分為圓錐形的草棚，是榨汁的地方。第二部分是四角形的建築，作煮糖之用。兩條直立的光滑圓石柱用來壓榨蔗汁，各附有木齒，相互咬合，由三頭套上橫杆的水牛帶動。汁液經由地下的溝槽流入埋在第二部分地下的大缸。在缸中加入石灰混合，然後熬煮，得循序漸進經過八道鍋，還要不斷清除表面上的雜質泡沫，最後倒入平淺的盒子。糖在盒內凝固、結晶，然後便以這樣的狀態販售。爐子生在建築外面，每一鍋各有一爐。榨乾的甘蔗乾燥過後就在糖廍裡用作燃料。

福爾摩沙的甘蔗不高——不過 7 或 8 英尺，直徑約 1 英寸至 1 寸半粗，但非常甜而多汁。

甘蔗園分由許多農場主擁有。由於人工缺乏，加上製糖的設備不夠完善，他們只好再將自己的園地分成小塊，在不同時節種植，所以幾乎全年都有甘蔗收成。不過，這對貿易來說很不方便——零星收購對買主而言相當麻煩，而且經常無法購得所需數量的糖，租來的船只好等待，又或半載出航。

臺灣府是島上最主要的城市，根據中方的資料，有 22 萬居民，但這個數字似乎過於誇大，此地的英國領事認為人口不過 7 萬。臺灣府包括城鎮、相當廣大的郊區，以及自北方與西北方向

府城相連的新建物。城鎮有周長約 4 英里的厚實磚牆圍繞，設有八座城門，門上有塔，呈矯飾的中式風格。城牆上保持得相當乾淨，是最適合散步的地方。晚上 8 時，城門都會關閉，稍晚一些，所有的街道也會以門分隔——在長的街道上有好幾座門。這樣一來有利警察管理，但對居民來說卻是非常不便。城裡的街道寬 8 至 10 英尺，不僅筆直，在中國城市中也算是非常乾淨。街道上鋪有磚石，部分加設棚頂，棚頂上有的地方還鑲嵌有透明的珍珠母片，用以代替玻璃。所有的街道都很相似——在中國城市裡幾乎皆是如此——而且擠滿了人。有許多廟宇，但都髒亂，建築並不漂亮。不過，當中也不乏華麗的。佛寺只有一或兩座；這個宗教要求華美富麗，看來在福爾摩沙並不盛行，而且只限於城市裡。在鄉村，人們獨尊理性的儒教。

在當地製品中，銀器十分出色——樣式獨特而且作工優良，不過還是比不上廣東製品雅緻。

城鎮的西南區域有一處荒廢的廣場，長滿竹子和灌木。據說這裡曾是國姓爺的宮殿。在西部，一座不大的荷蘭堡壘的遺址保存了下來。除了這些荷蘭統治的遺跡，有時在房屋下方還能找到那個時代的墓碑和各式手寫文件。不過，我並沒有親眼看見。

臺灣府如今離海 1 英里半，但據說以前靠近得多。根據描述福爾摩沙失陷經過的荷蘭古書（*Verwaerloos de Formosa of Warachtig Verhaer t'Amsterdam*, 1675）記載，今日距離海岸 1 英

里半的熱蘭遮城當時就位在海邊，而在城市與港口之間還有可容大船的海灣。現在，這個地方變得很淺，只有在朔望[25]之時偶爾會被水淹沒。

（左圖）熱蘭遮城之門。
資料來源：Fort Zelandia gate. Thomson, J. *Voyage en Chine. Formose*. Notes by A. Talandier. *Le Tour du Monde* (1875): 215.

（右圖）熱蘭遮城。
資料來源：Thomson, J. *Voyage en Chine. Formose*. Notes by A. Talandier. *Le Tour du Monde* (1875): 214.

　　熱蘭遮城的遺址位在城外 2 里處。漢人現在正在拆除它，以它堅實的材料建築兩座新的堡壘。就在距離熱蘭遮城不遠處，有安平港和為數不多的商戶。

　　臺灣府有駐軍大約 1 萬人。

　　有關福爾摩沙的歷史資訊幾乎全都與荷蘭人統治此地的時期

25　朔望：天文學術語，通常指新月和滿月時太陽、地球、月亮的位置。朔望通常伴隨特別強的大潮。

有關，而荷蘭人的統治又以漢人攻占臺灣府告終。

　　最初是由漁翁島的漁夫將關於福爾摩沙的消息傳至中國，但直到 15 世紀初，漢人移民才在此地出現。當時的原住民被描繪為善良、樂於貿易的民族，但被島上的豐富資源吸引而來的漢人的貪婪和對原住民的高傲姿態埋下了部族仇恨的種子，一直延續至今。

　　1622 年，荷蘭人爭取與中國貿易未果，遂以武力占領漁翁島。中國政府促使他們放棄漁翁島，轉往當時對中國而言沒有用處的福爾摩沙。於是，荷蘭人於 1624 年抵達臺灣府，興建熱蘭遮城。他們在當地遭遇的日本人讓出了島嶼。十年之後，荷蘭人完全掌握了西部沿岸，除了臺灣府，還在打狗、淡水和基隆設有貿易站。外來者按他們的殖民系統娶原住民女人為妻，也藉此融入當地的居民。最初，基督教的傳播相當成功，但後來又受到荷蘭政府自身的阻礙——當時日本迫害基督教，而荷蘭政府擔心損及與日本的貿易，在島上實行荷蘭的法律。

　　隨著明朝[26]衰敗，數以千計的漢人移居福爾摩沙，但荷蘭人並未試圖拉攏他們，反而因為擔心被他們排擠而敵對以待。如此的壟斷企圖，在相當大程度上使他們後來失去了島嶼。

　　明人覆亡，滿人取得王位，中國陷入混亂，一些偏遠省區的

26　明朝（1368–1644）。

首長乘機尋求獨立。在這樣的情況下，掌管廈門地區的鄭成功[27]——人們通常稱他為國姓爺——明白在大陸不可能抵擋滿洲人的力量，轉而注意福爾摩沙：他已經透過與荷蘭人經商對島嶼有所了解，甚至有傳言道，他的母親正是福爾摩沙人。他假裝抵禦滿洲人，集中全力於廈門，並暗中與支持他的福爾摩沙漢人聯繫。荷蘭人懷疑他的企圖，也加強臺灣府的駐軍與艦隊。不過，國姓爺行事巧妙，使荷蘭人放下心來，將多餘的船隻連同軍隊派回巴達維亞。於是，國姓爺率領 2 萬 5,000 兵力，突然於臺灣府登陸，封鎖了港灣，切斷了熱蘭遮城要塞與城鎮之間的一切聯繫。只有一艘船來得及離開，趕往爪哇求援。為期九個月的激烈圍攻就此展開。荷蘭人英勇地堅守著。久攻不破使國姓爺大為光火，他將所有的怒氣都出在附近的荷蘭人和他們的漢人盟友身上。有一回，因為城鎮拒絕投降，有 500 名俘虜遭到殺害。

　　終於，10 艘船和 700 兵士自巴達維亞抵達。受困者的情況稍為好轉，但圍攻依舊持續。此時，當時的總督揆一（Coyett）收到福建省長的來信，提議合力先將國姓爺逐出大陸，然後再把他趕出福爾摩沙。這項提議被接受了，於是 5 艘船前赴廈門。但在船隻離去之後，國姓爺集中一切力量，猛攻堡壘，城市便投降了。荷蘭人被允許自由離去，而國姓爺自封為福爾摩沙之王。

---

27 鄭成功（1624–1662）：中國將領，支持明帝國與清對抗。他於 1662 年將荷蘭人逐出島嶼。

於是，荷蘭人的統治於 1662 年告終，試圖重新奪回福爾摩沙的後續嘗試皆未能成功。

不過，國姓爺在位也不長久，遭到漢人變節殺害。在他的後繼者統治之下，島嶼繼續保持獨立了一段時間，直到 1683 年自願回歸中國。

就我了解，直到 1842 年中英戰爭期間[28]，福爾摩沙才又因為以下事件引起歐洲的注意：兩艘英國船——「吶爾不噠號」（Nerbudd）運輸船和「阿吶號」鴉片船（opium ship-Ann）在短時間內相繼於臺灣府附近遇難。第一艘船上有 240 名印度人，當歐洲人前往大陸時，他們全都滯留島上，受到中國人惡劣的對待，多數人因此喪命。第二艘船共有 57 名船員，全遭俘虜，許多人也遭受同樣的命運。生還者於 8 月 13 日遭到斬首——只有 10 人被當作戰利品，準備送往北京，但在條約宣布之後獲釋。北京當局是根據臺灣府指揮官錯誤的舉報而下令處死。他謊報歐洲人作亂，殺害了幾名漢人。英國全權代表璞鼎查（Henry Pottinger）爵士得知此事，頒布了以中文印刷的公告，說明事件的完整真相，要求懲治肇事者並且沒收其財產，以賠償被害人的家庭。福建總督親自主持偵查，結果臺灣府指揮官遭到貶逐。英國對這樣的結果感到滿意。

---

28 第一次鴉片戰爭。

（九）萬斗籠[29]與平埔

從臺灣府到六龜里——地方特徵：山、谷地、河流等——客家人——萬斗籠族——平埔番——我在廊亭內村和頭社——民族舞蹈——老平埔族的廟宇和宗教——平埔番的現況

THE BANTAULANG TRIBE, FORMOSA.

萬斗籠部落，福爾摩沙。

資料來源：Pickering, W.A. 與福爾摩沙中部的番人，1866-1867

【第四部分】。*The Gospel in China* n.s. 5 (May 1878): 29.

　2 月 2 日，我離開臺灣府，出發往東，前往位於直線距離 32 里外、坐落在中央山脈山腳下的六龜里村落。這是最艱困的一段路，花了我兩天多的時間。4 日中午我才抵達六龜里。

29　魯凱族萬斗籠社。

　　沿途到處都還在慶祝新年。我們常常遇到又奏樂又歌唱的遊街隊伍，鮮明而生動。人們打扮得喜氣洋洋，在田地裡漫步，或到祖先的墳上坐坐。晚上廟前燃放鞭炮，廟裡則是人來人往，有的說話，有的抽菸、嚼檳榔──販售水果和點心的地方也賣檳榔。在此地，寺廟似乎取代了俱樂部：偶爾將人們集合起來，在勞動之後互相娛樂，使大家團結一心──這便是廟宇主要的功用。遊街和節慶在很大程度上具有民間社會意義，花費是向人民徵收而來，沒有宗教的區別。

　　從臺灣府向東，整個區域的地勢逐漸上升。距離海岸約 5、6 英里處，高地開始出現──最初為可能受地震及強勁水流破壞的臺地，接著是更高、更為規則的山脈，持續抬升直到幾千英尺，沿著經線，與高達 1 萬英尺的主要山脈平行。而地質也同樣從砂層轉為軟砂岩層，然後是軟板岩層，最後則是形成中央山脈的硬板岩層。板岩層主要向東傾斜，有時達 60 度以上，某些地方有摺曲或斷裂。在岩層上面覆蓋著水平的砂層，有時相當厚實。要觀察此地的山的結構並不困難：沖蝕溝谷裸露的壁面、常見的草木不生的懸崖，以及被深深侵蝕的河道都提供了機會。在這裡見到的盆地和圓谷相當特別──周圍是近乎垂直的板岩石壁，只有幾處缺口，看來以前曾是水潭。這些地方的土壤極為肥沃，因此人口也比較多。其中，又以圍繞滾水村的谷地最為典型。

　　在六龜里和東經距格林威治 120º 40’處有河川，流向由北而

南，未被標記於英國的福爾摩沙地圖上。據說，河流在出了山區之後會合，如此一來形成東港。在緯度 23° 10'、經度 120° 32' 處，我渡過另一條西南流向的河流，本地人稱之為 Kau-na。根據他們的說法，此河在臺灣府附近出海。這些河流的河岸大多呈兩、三階陡直上升。

山脈的西側經過開墾，經常可以見到大型的村莊，東側則以林地為主。這裡的樹林較島嶼南部地區更高，巨大的蕨類植物使森林景觀尤其迷人。

這些山地的東部有平埔族居住，而西部主要為漢人——在他們之中，我看見一些人有大而直的眼睛、大鬍子和近似印度日耳曼人種的面部特徵，但他們的膚色比一般的漢人深。他們被稱為客家人，其起源看來尚不確定。有人說，他們是漢化了的吉普賽人；也有人說，他們是中國南部山區的原住民，自古便遷居福爾摩沙。客家女子不纏足。

我到達六龜里的時候仍在慶祝新年期間，遇上許多萬斗籠部落的山地人下山來交易。因為一年只有一次，所以會舉辦類似市集的活動，結束之後，他們和谷地居民之間便沒有任何往來。萬斗籠人住在中央山脈的後面，距離此地大約兩日路程。據說他們的部落人數眾多且危險。我整夜觀察，盡可能認識他們。

與我所見過的山地人相比，這些人的膚色較淺。他們的身材中等，大多苗條而勻稱。女人之中有許多名副其實的美人，眼睛

深色，目光炯炯有神，一頭秀髮。相較其他部族，萬斗籠人的臉形更為橢圓，鼻子和嘴巴的輪廓更端正，顴骨不太凸出。

　　男人的穿著非常繽紛。例如，我看見了紅外衣配上綠色袖子和橙色袖口。和加走山人一樣，大腿以圍小裙包著，但有許多人的腳上綁有呢料，像是長而窄的褲子——還有人的一腳褲管是紅色，另一腳是橘色或綠色。他們的頭上戴著皮帽，以大片布料纏著，類似纏頭巾，有的人以老鷹的羽毛或紅色的百合花裝飾。女性服飾也和加走山女子類似，只不過有些人不著短衫，而是穿只遮住上胸的短衣，並以環繞腰間的黑巾代替裙子，像他加祿人一樣。女人也纏大片的白色頭巾，下方塞有黃色的花朵，低垂在額前。男女皆穿戴玻璃串珠、手環、長耳墜。我只在女人的手上看見紋身。

　　這個部族〔萬金庄〕在許多方面都和加走山人類似：房屋、武器、食物等皆與後者完全相同。發展程度也並不比較高。只有這個民族有將亡者埋葬於屋內的風俗。酗酒的狀況也與加走山人相當。至少我在六龜里沒有見到任何清醒未醉的人。

　　我想要和他們上村落去，但他們當晚就離開了，沒有任何一位漢人或平埔人願意為我帶路，因此我只好放棄整個前往東海岸的計畫，很懊惱地離開六龜里，向西北往嘉義出發。

　　我在廊亭內（Poe-ting-loe）度過第一夜。這個漂亮的村莊位於森林密布的高山腳下。這裡的平埔族從未見過歐洲人，因此有

許多人聚集在我留宿的屋子旁。

　　那個夜晚──正如每一個福爾摩沙的月夜──靜謐而美好。小屋的院子裡人們載歌載舞，可想而知，最初有些拘謹，但後來愈來愈自在、熱鬧。

　　他們的舞蹈如下：年輕男女手拉著手，圍成圈。有節奏地歌唱、重複同一樂句，舞者跟著交替踏步，往後一步，向旁邊兩步。歌聲漸強，節奏加快，舞蹈也愈來愈快速──匀整的舞步成了狂野的跳躍──最後圓圈在某處斷開，舞者也散落開來。跳舞時女人們的穿著與萬斗籠女人相似，把黑色輕布巾──她們的服裝中不變的配件──當成裙子。

平埔族少年和婦女。
資料來源：Ibis, Paul. Auf Formosa Ethnographische
Wanderungen. *Globus* 31 (1877): 232.

　　第二天，我翻越超過 2,000 英尺高的陡峭山脊，山上間或可以看到客家人和平埔人的小屋散布其中。他們栽種薑、鳳梨、木瓜和香蕉為生。接著，我下山來到寬闊的谷地。谷地中央有

Kau-na 河流過，河岸是裸露的板岩，呈數階上升，幾處收窄並垂直升高至水面上 100 至 200 英尺。這一條河比其他河流更深，流得比較緩慢。河上有小帆船航行。

當天夜裡我抵達頭社（Tau-siia）[30]——一個完全隱藏在竹林和檳榔園間的大村莊。這裡居住著平埔番，其中有幾位基督徒，是長老教派信徒，其餘的人仍然信奉偶像，崇拜古老的鹿頭骨和鹿角。在福爾摩沙，我僅在此地見到原住民類似寺廟的場所和某些宗教儀式。

在頭社，有兩間小屋作為此用。其中一間就位在村裡，後方牆壁上掛有鹿角，兩側對稱置有兩支鐵矛和幾副鹿頭骨，上面掛滿彩色的石頭。據說這些法物已有三百多年的歷史。法物的前方是供品：有裝水的小罐、盛三燒的小玻璃杯子和一束束檳榔。另一處位在村莊後方，在四面敞開的棚屋中央，頭骨就綁在柱子上。

每一個平埔人每月都要向這些頭骨獻祭兩次。在進入公廨之前，要摘下纏頭巾。婚禮當天，新郎會偕同新娘來到頭骨前，嘴裡含著白酒，噴灑在頭骨上，然後才是舞蹈和宴席。有孩子出生、親人死亡或遭逢災厄時，他們也會這麼做。這便是所有的宗教儀式。他們並沒有祭司。

今日平埔番的活動區域大約 40 餘英里（自萬金庄至嘉

---

30 位於今日的臺南。

義），他們大概是源自幾個各自獨立的部落，但因為接受漢人文明並且相互交融，特徵已經消弭不見。可以假設，他們有一部分漢人的血統。和其他山地人相比，平埔人的膚色較淡，他們的身形也較高，但不那麼壯碩，臉部輪廓也比較柔和。

他們幾乎全都接受了孔子的學說、中國的文化和服裝，只在女子的服飾中仍然保留了些許特徵（大片的纏頭巾、短上衣和大塊的黑色布巾）。但這些特徵只限於山區——舉例來說，在萬金庄，除了以紅帶束髮的風俗之外，其餘皆為中式。

根據傳教士的說法，平埔人個性良善，愛好和平。

（十）熟番——福爾摩沙北部

福爾摩沙西部——嘉義與彰化——熟番部落——福爾摩沙北部：地方特色、城市、物產——茶與樟腦——基隆——煤礦場——淡水——返回香港

福爾摩沙西部——北緯約 23º 15' 至 24º ——又是低地，全為漢人獨占。這裡有許多村莊，居民看來並不貧窮。這個地帶寬 20 至 25 英里，主要出產糖、米、檳榔、香蕉、芒果及其他水果。

我於 2 月 8 日晚上抵達嘉義，同名縣區的主要城市。這是一座相當美麗的小城，鄰近山地，有 1 萬名居民。街道乾淨，甚至

比一般中國城市要寬敞，如同在臺灣府，有些地方上有棚頂遮蔽。這裡有許多廟宇，有的雖然不大，但建得漂亮。長老教派不久前在這裡設立了據點。

我打算造訪水番（Tsui-hwan 或 Thao〔邵〕）部落，無奈因為漢人的怯懦而落空。雖然這個部落一點也不危險，我在嘉義和前往彰化的路上卻都沒能找到嚮導：因為必須從「傀儡」的領地旁經過，大家都怕會遇上他們。所以，我只好繼續往彰化去——這個城市不怎麼漂亮，之所以重要，全因鄰近樟樹林地。居民約1萬人。

現在，我趕著前往熟番（Sek-hwan）的部落。它和其他部族大不相同，甚至令人懷疑它是否源自馬來民族。熟番居住在彰化東北的丘陵地帶，較福爾摩沙的其他原住民更加文明。長老教會在此地建立了幾個據點，大社（Toa-sia）[31]即是其中之一。我在2月12日（舊曆）抵達，停留兩天。

熟番較中等身材高大，體格壯碩。臉形橢圓，五官皆大，額頭高，眼睛很大，鼻子大，嘴巴寬，牙齒也很大。鬍鬚較其他部族濃密，胸前、手腳上也有毛髮。髮色是深褐色，皮膚顏色淺，有的人甚至面頰泛紅。這些反常的特徵在成年男子身上尤其明顯，在女人、孩童身上馬來人的樣貌比較清楚。

31　位於今日彰化縣內的村莊。

　　熟番不久之前才自願歸順中國，因此依然保留了許多特色，不過他們的頭人們都已經成了中國官吏。雖然現在所有人都懂中文，但通用的語言仍是母語。他們的語言和福爾摩沙的其他方言有所不同，由此可見，他們過去便已和其他部落有所區隔，獨立生活、發展。因為地利——又或者荷蘭人也有功勞——他們早就耕田，種植靛青、菸草和特殊品種的大麻。堅韌的布料是他們主要的產物，在島嶼北部廣為通用。

Frauen aus dem Stamme Sek-hwan.

熟番部落的婦女。
資料來源：Ibis, Paul. Auf Formosa Ethnographische
Wanderungen. *Globus* 31 (1877): 232.

　　他們的穿著和漢人有些類似。男人留辮子，上方纏頭巾。中式的褲子和短衫是以原色的粗麻布料製成，在胸部中間扣上，緊緊包覆身體。有時短衫背面滿是紅、藍橫紋裝飾，衣袖則以不同的——大多是深藍色布料——縫製。女人穿得像本地的漢人女子，只有頭飾不同。她們前額的頭髮垂下，修剪齊眉，其餘的部

分在頭頂上綁成一束,頭上戴著黑色小頭巾,頭巾後面兩端在腦後輕輕繫起。

他們的住家和農具皆與漢人無異。

大社的居民幾乎都是基督徒。小教堂附設有學校,所有的孩童都必須去上學。學校裡教授以拉丁字母讀寫漢語、算數、地理、神學和神聖歷史。傳教士說,對於智識活動,熟番很有天分,好學、喜歡讀書。可惜以拉丁字母印行的書籍仍少。

要從大社到水番的領地很容易,那裡也有傳教據點,但來回的路程得耗費五天以上。我已經沒有那麼多空閒時間,得要加快腳步,才趕得上六、七天後從淡水航向大陸的船班。

熟番是我見到的最後一個原住民部落,時間限制使我無法再脫離直線路徑。不過我在基隆的錨地還造訪了另一座小島,當地的居民同樣被稱作平埔番,但那顯然已經是原住民和漢人、荷蘭人混血的結果。

北上的路途單調無趣:貧困隨處可見,偶而才能看見種植馬鈴薯、稻米的田地和破落的村莊。在最北邊,過了竹塹之後,景觀才又變得比較迷人。陡峭的山地為雪松和樟樹林覆蓋,暗色的樹林間有淺色的竹子點綴。農場和村落更為常見。這地方使我想起日本,尤其京都近郊琵琶湖一帶,唯一的不同之處在於此地開發的程度較低。

我每日行進約 20 里,有時更多,五天之後(2 月 19 日)抵

達大稻埕（Twa-tu-tia）[32]——距離淡水港灣 8 里的歐洲人聚落。雨接連不輟，在某些地方還必須渡過氾濫漫溢的河流，在及腰的冷水裡行走，夜宿令人厭惡的地方——在鴉片館，糟糕的屋頂有時還不能避雨。我的挑夫因為不習慣濕冷而病了，我花了好一番工夫才找到另外兩人幫忙他們。不難想像，歷經了這樣的旅程之後，能在布朗商行（Brown and Cº）舒適的房子裡休息，我是何等滿足——我在大稻埕、打狗和臺灣府都受到布朗商行的款待。

我們的藝術家橫渡溪流。
資料來源：*Illustrated London News* No. 995 (24 September 1859): 294.

大約在北緯 24º 25'，福爾摩沙與經線平行的山脈和短小的橫向山脊交會，形成高聳的山結，以希維亞山（Mnt. Silvia，1,1300 英尺）為中心。橫走的山脊稱被為西陵，或「陶德斯山脈」（Dodds range）。另外有幾座山脈在北邊與之平行，以居住其中的部落—— Tangau ——命名。往西地面一階階緩降，因此

---

32 位於今日迪化街一帶。

自梧棲（北緯 24° 16'）至淡水的整段海岸地勢高起。這裡的土質以紅黏土為主。

福爾摩沙北部有許多河流，全都匯入淡水河。淡水河是島上唯一多少能供通航的河流，因此對商貿來說相當重要。

這一帶的主要市鎮：

梧棲：地方不大，由於離彰化最近，所以重要，可供戎克船下錨停泊。

大甲與後龍：居民 5,000 人，亦是因為樟腦與樟木的戎克船貿易而顯得重要。

竹塹：淡水廳（或 Tam-tsui 更為精確）的主要城市，居民 3 萬人，是個富庶的內部商貿重鎮，交易茶、靛青和樟腦。

淡水或滬尾：可以與外國通商的開放港口。

新莊和艋舺（Bang-ka 或 Mang-ka）：位於源自樟腦產地的大姑陷溪畔的熱鬧城鎮。還有大稻埕，位於同一條溪流沿岸，本身是座村莊，但因為鄰近茶園，某些商行在此地也設有產製茶葉的代理處。

這個區域的主要產物為稻米、靛青、茶和樟腦。稻米和靛青大致內銷，出口少，茶和樟腦則是對外貿易的主要商品。

茶是低矮的灌木，一排排栽植在丘陵的向陽面。採集茶葉的時節是 3 月到 5 月，過了這段期間就會沒了風味。茶樹生長六、七年後就不再有用了。茶葉先依大小分類，然後烘乾。就我在布

朗商行所見，烘茶使用木炭，上面撒上灰渣降溫。炭放置於深度、直徑皆約 2 英尺的坑洞之中，在洞口放上竹編圓筒，圓筒的中心有個可以取出的底部。於底部撒上一層茶葉，在烘烤過程中不斷翻攪。烘茶的程序會重複四、五回，接著再一次分類，然後包裝。若是紅茶，烘乾前還要以腳踩踏。在茶園裡工作的大多是女人。從淡水出口的茶業總值從 1869 年的 91,154 兩增加至 1872 年的 583,872 兩，而且仍在成長當中。

在福爾摩沙北部的淡水——為美國市場準備茶葉。
資料來源：Greey, Edward (Sung-tie). "'Tai-wan'－ Formosa." *Frank Leslie's Illustrated Newspaper* Vol. 33, No. 834 (23 September 1871): 28.

樟腦亦是由外國船隻出口，但目前皆是由漢人使用非常不完善的方式提煉製成。劈成小塊的木材放在平淺的鐵鍋中，以同是鐵製的蓋子緊緊闔上，然後放進長爐裡燒，樟腦便會被分離出

來，凝結在鍋蓋上。以這樣的方式蒸出的樟腦包裝於木盒之內，在淡水再封上鉛，然後出口，主要銷往印度。福爾摩沙北部的山地有接連不斷的樟樹林，但位於原住民的領地，漢人只好以白酒換來砍伐一定數量樹木的權利。主要的據點為大姑陷。

不久之前，在此地發現了石油的源頭（約在北緯 24º 30'、東經距格林威治 120º 55'），目前由陶德商行（Dodd and Cº）開採。淡水附近也有幾處開採硫磺礦，由同一間公司所有。

我準備搭乘「海龍號」（Hay-loong）輪船[33]返回香港。船還未到達淡水，由於上個班次遲到許久，也不清楚到來的精確時間。大家認為船會在五、六天後抵達。於是，我有機會探訪基隆和當地的煤礦場。恰巧在此地已經接連下了一整個星期的雨停了，就當地人看來，接下來幾日的天氣應該不錯。

去程的道路沿著一條山中的小河[34]展開。這條河的源頭距離基隆約 4 英里，在大稻埕附近匯入淡水河。高而狹窄的河岸上有美麗的植物，其中又以蕨類——尤其蕨棕櫚樹——特別茂盛。如同所有的山地河川，基隆河流速快，石灘多，所以在此地使用一種特別的平舟，英國人稱之為湍流舟。舟上配備有帆、槳，以及用來推撐的長竿，船頭、船尾還有兩條可拆卸的橫木，用以拖拉

33　史蒂瑞亦是搭乘「海龍號」抵達福爾摩沙島，沿岸航行，然後離去。
34　基隆河。

小舟通過石灘。這種船相當寬敞，上有頂棚，起居用具一應俱全。由兩名槳手操控。

傍晚，我還是沒能趕到河的源頭，黑暗迫使我們靠岸。在舟上升起了火，煮飯、蔥、豬肉，還有茶，我毫無準備，於是開心地和槳手們共享他們簡單的「炒炒」。入夜很冷，但小舟各面皆有遮蔽，所以還過得去。天一亮，我們就繼續前進，大約兩個小時後，來到一處有美麗草木環繞的小水潭。這便是基隆河的源頭，四周有許多瀑布。我們必須自此翻越大約 1,000 英尺的山脊。從山上可以一覽基隆港灣的壯麗景致。整體而言，這港灣令我想起長崎的港灣，只是比較短小，在我看來更加漂亮。

KELONG CITY AND HARBOUR, BOMBARDED BY THE FRENCH.

基隆市和基隆港。
資料來源：*Illustrated London News* Vol LXXXV (11 October 1884): 340.

基隆（Keeloong 或 Keloong）是坐落在港灣最底處的大村落。東側靠近出口的地方有幾幢白色的歐式建築，建得漂亮又舒

適，英國人在東方的住所皆是如此。那是海關的屋舍和幾幢商人的房子。這裡還有一座不大的荷蘭要塞遺跡。

我帶著介紹信拜訪海關主管。他是個俄國人，[35]在此地居住，這已是第三年。他以觀測氣象為消遣，每年都將成果發表出版。這是福爾摩沙目前唯一的氣象站。此時有位年輕的英國人在他那裡做客，是一位山岳工程師，不久前中國政府請他來研究此地的煤礦——目前中國人的開發亂無章法。根據這位工程師的看法，假使以歐洲人的方法在此開採，將無利可圖：礦藏太少，無法獲利並支付機具和鐵路的開銷——礦區在基隆東方約 3 英里處，而源自此地的河流太小，只能供排水量約一噸的駁船通航，因此必定得修築由基隆至礦區的鐵路。不過，若能在附近探得其他藏量更為豐富的礦床，那就又是另一回事了。

這裡的煤層位於砂岩底下。砂岩層向南以 15 度至 25 度的角度下降，北端則是陡峭的斷崖，所以煤炭也就大多顯露出來。為了方便斜穿岩層工作而設立的坑道就由地面開始。這些坑道通常寬約 2、3 英尺，高度約 3、4 英尺，視開採煤層的厚度而定。每條坑道內至多只能有兩人工作，另外兩人以簡單的推車將煤炭運上來。在我參觀的礦場煤層厚度不過 26 英寸，斜角為 20 度。據說，最厚的地方有 41 英寸，斜角為 12 度。

35　尼古拉・提圖希金（Nickolai N. Titoushkin, 1850 – after 1917）。

基隆的煤炭相當純淨，礦渣僅有 10%，但燃燒得快，因此經常與別種炭混合使用。一噸煤炭價值 4 至 5 美元。

當天晚上，從大稻埕來的信差通報，「海龍號」輪船已經抵達淡水，第二天就會離港——我必須盡快離開基隆，以免錯過船班。恰巧中國砲艦「福星號」（Foo-shing）天亮之後便要前往淡水，我可以乘這艘船去。艦長是位和善的軍官，也是武勇的海員，他很樂意載我一乘，甚至提議，若我趕不上輪船，可以和他一起去福州——「福星號」很快就要前去那裡。

「福星號」是一艘新船，仿英國巡邏艦，於 1870 年在福州建造。引擎動力為 80，中速行進時可達 7 至 8 節。艦上配備有四門銅砲，一門由後膛裝彈的 6 寸鋼砲（上有「Spandau 1860」標記）。軍官艙房很舒適，休息廳也寬敞，但船員的空間相當擁擠。由於這艘船艦是用於運載貨物與輸送兵士、乘客，髒亂也是無可厚非，不過起居甲板和發動機是應該要再乾淨一些。艦上缺乏紀律，一目了然：水手和軍官在後甲板上坐著、抽菸。起居甲板的床鋪白天亦未收整，沒有勤務的人們就在床上睡覺、抽菸。工作時會談天和喧鬧，雖然他們做起事來迅速靈巧。很難以穿著分辨軍官和水手——在這方面非常自由，有的人穿中式服裝，有的人著半套歐式。軍官大多都通英語，許多人甚至說得相當流利，這讓我很驚訝。一些年輕軍官向我展示他們的厚筆記本，就裡面的各種天文運算、實務筆記以及他們的描述看來，他們在福

州船政學堂所受的教育相當有用。順道補充一點，我在福爾摩沙所見的所有中國軍艦上都沒有任何歐洲人，不過海關船的船長和海關的所有工作人員皆是歐洲人。

2月22日中午，「福星號」抵達淡水。「海龍號」仍在港內，晚上才離開。因此，我還有足夠的時間參觀城鎮、認識這裡的歐洲人。

淡水位於河口，是僅次於打狗的最大貿易站。在此地有五家商行，約30名歐洲人。近年來貿易額達150萬兩。有一座城堡，是荷蘭人統治的遺跡，現今用作英國領事館，由於蓋得堅實，建物保存相當良好。堤岸旁栽種有一棵棵榕樹，枝繁葉茂，歷史大概也與城堡一般悠久。

晚上10時，「海龍號」離港，24日在打狗停留了幾個鐘頭，於27日早晨抵達香港。

最後，我要補充我對福爾摩沙人起源的看法，但我的知識和時間有限，以下僅是假設，正確性還有待更詳盡的研究證明。

我比較了福爾摩沙方言和各種馬來語言的詞語，發現福爾摩沙的語言與菲律賓群島的語言——尤其是他加祿方言——最為類似。例如，在我挑選的60個他加祿詞語當中，僅有16個詞無法在福爾摩沙方言裡找到對應，而其餘44個詞的詞根顯然相同，有的詞語甚至完全一致。其中又以加走山人、萬斗籠人和卑南人的方言與他加祿語最為相近。

　　我由此推斷，福爾摩沙人是從菲律賓群島移居，更精確地說，是來自呂宋島的他加祿移民。

　　這波遷徙應是發生在公元最初幾百年間。因為那時他加祿人開始與印度人往來，已有一定程度的發展，而在福爾摩沙並未見到這些痕跡。我認為，若針對福爾摩沙人語言的豐富詞彙和文法結構進行更詳盡的研究，將可以證明該遷移的時間。

　　我讀到，如同在異他群島的幾座大島和某些菲律賓島嶼（Papua Aetas，阿埃塔人），在福爾摩沙內部還有黑色人種存在，[36]他們被視為這些島嶼的原住民——但不論漢人或原住民皆不知道他們的存在，所以這樣的想法大概有誤。不過，移居福爾摩沙的馬來人很可能確實在此地發現了這個民族。後來，他們一部分在戰爭中滅絕，一部分和外來的人們相互融合，他們的外表也有了某些改變，如島嶼南端的居民或許就是如此。

　　倘若這些簡短的札記能夠作為人們未來前往福爾摩沙旅行的參考，或可以補充關於該地的記載，我的努力也就有了極好的回報。但我要重申，多虧海軍將軍布琉梅爾大人的協助，我才能蒐集到上述消息，因此——我——以及得利於這些資訊的人們，都應該特別感謝他。

海軍領航員團准尉　保羅‧伊比斯

36　伊比斯注：Novara Reise, ethnographisher Theil.

第 二 部

追蹤保羅·伊比斯的足跡

劉宇衛

一、〈中日間的福爾摩沙爭議〉，俄國人與俄國媒體的評論

　　在講述保羅・伊比斯福爾摩沙之旅前，應該簡單寫一下激起准尉對遠處島嶼及其居民興趣的事情。

　　臺灣（福爾摩沙）在 1860 年代是中華帝國的遙遠邊疆。歷經兩次鴉片戰爭（1840－1842 年，以及 1856－1860 年）後，中國被迫開放邊界，外國人也因此得以造訪福爾摩沙這個鮮少被研究、中國人僅部分開發的島嶼。最早利用定期造訪臺灣的機會，以達成技術、情蒐和學術目標的俄羅斯人，是在太平洋水域巡航的海軍船員。其中一個相關證據，就是 1862 年造訪基隆港的護衛艦「鳴鐘號」（Рында [Rynda]）艦長斯福爾斯－吉爾克維奇（Сфурс-Жиркевич）海軍中校的報告：「8 月 7 日一早，為補充燃料，我來到中國村落基隆（在福爾摩沙島最北端）。我們的船艦似乎未曾到此地。」[*Sfurs-Zhirkevich* 1863, 44; *Tokuaki* 2005；*Khokhlov* 1993, 125]

　　到了 1870 年代初，福爾摩沙島的地緣政治角色顯著增長。此情況意外反映在尖銳國際衝突中；正是因為這樣的衝突，福爾摩沙島才成為國際輿論的焦點：「日本出兵福爾摩沙及隨後中國和日本之間的紛爭，使各界注意到這座島嶼。」[*Ibis* 1876-I: 111;

Dela na Formose 1874]

　　歷史發展顯示，上述中日衝突不過是日本征服臺灣試探性的
第一步。

（一）「牡丹社事件」和日本對福爾摩沙的兩次軍事行動

　　1895 年，根據《馬關條約》條款，中國「永久」割讓福爾
摩沙島（臺灣）予日本，臺灣因此成為日本第一個殖民地。一直
到 1945 年日本統治結束，臺灣扮演著日本帝國殖民政策「展示
櫥窗」的角色。不過，1894 至 1895 年的中日甲午戰爭及 1895
年的出兵行動，並非日本奪取臺灣的首度嘗試。此前二十年，日
本人已出兵、企圖強占福爾摩沙南部。此次行動並未獲致預期的
成功，因為日方未能在島上鞏固一己勢力。儘管如此，就政治、
組織規畫和軍事層面而言，這場行動實為強而有力的預演，也為
1895 年「馴服」福爾摩沙島揭開序幕。

　　1874 年，日本政府以「牡丹社事件」為由對臺灣南部出
兵。此事件指的是 1871 年在福爾摩沙南岸遭遇船難的 66 名琉球
漁民中，有 54 名遭島上原住民殺害，其餘 12 名則獲中國人救援
並遣返日本。日方要求北京懲治福爾摩沙原住民遭拒，因此決定
自己動手，卻也引發中國對臺主權爭議。1874 年的日軍出征挑
起了北京和東京之間激烈的外交折衝。

　　1870 年代初期，方才經歷「明治維新」（1868）的日本，結束長達數百年的鎖國政策，開始思考如何在亞洲擴張勢力。對日本這個未來的殖民帝國而言，1874 年 5 月至 11 月間的對臺軍事行動，是第一場嚴肅試煉。這場行動最終成為不同文明想像的歷史性衝突；過程中，中國傳統的「天地之間，居『中』之『國』，天下共主」、統御周邊邦國的世界觀，顯然讓位給西方世界關於主權國家、有效管轄、政治實體間關係，及相應外交模式的理論。

　　日本有野心成為亞洲第一個殖民主及「泛亞」世界領導者──此事導致列強的勢力範圍劃分進入新階段，足以引發中國、亞洲和整個世界秩序的劇烈變化。「牡丹社事件」因此毫不意外引起全球關注，其中也包括俄羅斯。

（二）俄羅斯報刊對日本 1874 年軍事行動的報導

　　「福爾摩沙爭議」和長達半年的日本 1874 年軍事行動在刊載新聞、證人說法和遠東地區評論員分析的俄羅斯報刊獲得一定關注，其中包括伊比斯的文章。

　　研究臺灣的蘇聯學者托德爾（Ф. А. Тодер [F. A. Toder]），1978 年在其知名著作《臺灣及其歷史・19 世紀》（*Тайвань и его история*（XIX в. [*Taiwan i ego istoria (XIX v.)*]）中，以俄文詳

細描述日本對臺軍事行動的準備工作和執行經過，以及北京和東京的外交談判過程及和約條款。托德爾特以一篇專章處理相關議題。[*Toder* 1978, 123-146]

　　俄羅斯當局關注情勢發展，受過教育的社會階層也並非對發生在遙遠福爾摩沙的事件一無所知。俄羅斯報刊不時刊載西鄉從道將軍所領日軍對臺行動調度相關短電文 [*Dela na Formose* 1874; *Perviye* 2005]，或者國內外專家的詳細綜述評析。上述文章可分為三大類：一、證人證詞，主要是俄羅斯海軍船員的報導。他們曾在日軍出征期間及其後造訪臺灣，從事中立的觀察活動（海軍大尉捷廉季耶夫的報告和准尉伊比斯的文章）；二、譯自英文和法文外國期刊的概論；三、來自俄羅斯遠東地區的綜述評析，而且作者有管道接觸區域性報刊（主要是中國和日本境內以西方語

Канонерская лодка "Горностай"

「白鼬號」砲艦。

「白鼬號」砲艇艇長捷廉季
耶夫。

言發行的期刊）、有能力蒐集訪談資料
（伊比斯的文章）。

　　關於 1874 年夏季的福爾摩沙事件，
第一份極具價值的俄籍見證人證詞是
「白鼬號」（Горностай [Gornostay]）
砲艇艇長捷廉季耶夫（В. А. Терентьев
[V. A. Terent'ev]）[1]的報告節錄，其內
容獲數家俄羅斯報紙轉載。著名學者霍
赫洛夫（А. Н. Хохлов [A. N. Khokhlov]）在俄羅斯帝國對外政治
檔案館（RSNA [Russian State Naval Archive]）發現相關文字，並
將之收錄進 1993 年所出版俄臺關係史的史料綜析。[*Khokhlov*
1993]

　　捷廉季耶夫較伊比斯早半年造訪福爾摩沙，而且正值日本軍
事行動白熱期。捷廉季耶夫此行緣由和目的可見於俄羅斯太平洋

1　捷廉季耶夫（Vladimir Afrikanovitch Terent'ev, 1840–1910）：海軍少將，數
　　度參與俄羅斯軍艦的環球航行，曾擔任「通古茲號」（Toungooze, 1872）
　　縱帆船和「白鼬號」（1873–1878）砲艇指揮官。研究遠東地區，也是西伯
　　利亞艦隊（Sibirskii flotskii ekipazh）成員北極地區訓練工作負責人（1878–
　　1884）、志願艦隊（Dobrovolnii flot）駐海參崴代表（1884–1908）、阿
　　穆爾邊疆區（Амурский край [Amurskii krai]）研究學會其中一名創辦
　　人（1884）。他曾在海參崴的亞歷山大遠洋航海學校（Aleksandrovskoe
　　morekhodnoye uchilishe dal'nego plavaniya）授課（1908–1910）。死後葬於海
　　參崴。

艦隊司令、海軍少將布琉梅爾 1874 年
7 月 10 日在「阿斯科爾德號」（Аскольд
[Askold]）旗艦上所寫報告：「『白鼬
號』艇長 6 月 3 日告知，他遵照我國駐
北京公使（布尤措夫，Е. К. Бюцов [E. K.
Biutsov]）指令前往福州府……隨後將
自當地前往福爾摩沙島臺灣港，以觀察
日中衝突雙方的行動。」[2]

俄羅斯太平洋艦隊司令、海
軍少將布琉梅爾。

　　捷廉季耶夫順利達成任務後，布尤
措夫公使在 1874 年 9 月 16 日給俄羅斯外交部的附隨函件中指
出：

> 有幸轉發（……）「白鼬號」砲艇指揮官捷廉季耶夫所提
> 報告節錄，所含資訊涵蓋他造訪的福爾摩沙島各港口、日
> 本駐軍和中國政府為應對與日方決裂所採取的預備措施。
> [Russian Empire Foreign Affairs Archive, 1-9, 8-8, sheet. 112]

2　俄羅斯太平洋艦隊司令、海軍少將布琉梅爾（Theodor Brümmer, 1819-
　　1889）報告節錄。海參崴，「阿斯科爾德號」旗艦，7 月 15 日。《克朗
　　施塔特通訊》，1874 年 10 月 27 日（11 月 8 日）№. 124，第 494 頁。
　　〔Pervuye 2005，第 171 頁〕。

　　確實，為執行俄羅斯駐北京公使的命令，[3]海軍大尉捷廉季耶夫 1874 年 7 月造訪福爾摩沙島多處（包括日本軍營、澎湖群島及其他），並蒐集了與本地居民生活有關的有趣資訊。他在公務報告中詳述所見所聞。

　　親訪淡水、基隆、打狗、東港、臺灣府和澎湖馬公後，海軍大尉捷廉季耶夫確認，這些港口是否有利貿易活動和防衛工作。他和中國文武官員，以及福爾摩沙島南部日本駐軍司令（西鄉從道和赤松則良海軍大臣）會面。此外，海軍大尉捷廉季耶夫「自海關官員處」取得，並在報告中援引「關於福爾摩沙島貿易情況的概略資訊」。他提到的其中一位海關官員可能是中國帝國基隆海關主管提圖希金。[Zaytsev 2018] 七個月後，伊比斯也將和提圖希金會面。

　　一如霍赫洛夫博士所指出，捷廉季耶夫這位俄羅斯軍官對福爾摩沙居民的在地觀察和描述不含優越感或虛偽造作，捷廉季耶夫盡其所能地呈現原住民（包括牡丹社民）與日本人、以及和美國首席顧問李仙得的真實互動。海軍大尉捷廉季耶夫詳細交代他和日本及中國海軍將軍們的晤談內容，以及島上歐洲人對相關事件的看法。根據海軍大尉相當客觀且具有證實資訊價值的報告書：迥異於西方習以為常的偏見，這些歐洲人並不傾向認為臺灣

3　1870 年，砲艇歸俄羅斯駐北京公使管轄。

本地「野人」該為所有壞事負責：

> 淡水的鴉片和茶葉貿易商「陶德」認識野人及美國人李仙得，也就是征臺之役罪人。陶德稱，他曾拜訪牡丹社民，但沒感受到敵意；不過，由於李仙得會因瑣事以棍棒毆打野人，他因此遭遇相當嚴重的抵抗，不得不盡快知難而退。[Russian Empire Foreign Affairs Archive 1-9, 8-8, sheet. 121; *Khokhlov* 1993, 127-128]

海軍大尉捷廉季耶夫的報告也提及中國當局的行動，以及1874 年企圖奪取福爾摩沙南部的日本「不速之客」。捷廉季耶夫也如實傳達 1871 年土著殺害 54 名琉球漁夫的相關資訊。此事件成了日本出兵臺灣的藉口。捷廉季耶夫對事態的評估符合實際。他提出具體措施，以利預防類似的國際衝突再度發生，也質疑日方軍事行動缺乏依據：

> 有人認為，漂流到牡丹社岸上的日本和其他海員遭殺害的消息是虛構。儘管他們其中一些人確實在船難後死於福爾摩沙岸上，而且無疑地，另外一些人遭殺害，但原因並非牡丹社民對悲慘景象有偏好，而是救命者和被救命者彼此對仁愛之道和社會行為準則的理解不清，導致爭執。為避免情

況演變至此，對日方而言，較簡單的方式應該是在福爾摩沙境內設立特別單位拯救有生命危險者，或者派遣領事，而非發動代價不斐的軍事行動。[Russian Empire Foreign Affairs Archive 1-9, 8-8, sheet. 121-122; *Khokhlov* 1993, 127-128]

對在福爾摩沙的見聞，包括鋪設新道路的良好品質和軍隊行動的意涵作了統整後，海軍大尉捷廉季耶夫為日方的長遠目標總結道：

日本人不視自己在福爾摩沙的軍營為暫時營區，而是待如殖民地，其中一個支持此說法的證據是他們甚至從日本運來樹木，以栽植於道路兩側。[Russian Empire Foreign Affairs Archive 1-9, 8-8, sheet.127; *Khokhlov* 1993, 129]

儘管海軍大尉捷廉季耶夫的公務報告理應為機關內部文件，俄羅斯受過教育的公眾卻也有機會認識其內容。轉載於《克朗施塔特通訊》（*Кронштадтский Вестник* [*Kronshtadtskiy vestnik*]）[4] 的〈福爾摩沙及日本征島之役〉（Формоза и экспедиция японцев

4　克朗施塔特是位於芬蘭灣的港口城市，行政上隸屬聖彼得堡。此報多半詳細複述海軍大尉捷廉季耶夫公務報告的內容。

на этот остров [Formosa i ekspiditsiya yapontsev na etot ostrov]）一文可資佐證。此文為俄羅斯外交部發行的《聖彼得堡期刊》[5]所刊登版本的刪節版。

此前三個月，《克朗施塔特通訊》9 月 4 日刊登了〈《時代》（*Times*）通訊報導節選〉（No. 98，第 386 頁），題為〈日本出征福爾摩沙島之役〉（Японская экспедиция на остров Формозу [Yaponskaya ekspeditsiya na ostrov Formosu]）的文章，包含時至 5 月底的詳細大事記，評論極少，但該作者顯然對日本人有好感。[*Perviye* 2005, 165-166]

不過，更不吝於表現對日本人好感的是法國報刊。法國直接參與日本軍隊的現代化，這顯然是吹捧式文章不時出現的原因之一。這類文章可綜析式的以〈再談福爾摩沙和日本出征〉（Ещё о Формозе и японской экспедиции）為例，著者是法國記者普羅修[6]。本文遲來的俄譯版刊登於 1875 年 3 月 31 日和 4 月 6 日的《美景觀覽》雜誌。不遲於 1874 年 10 月底寫就的文章原文刊登在同一年 12 月出刊的兩個世界評論（*Revue des Deux Mondes*）

5　《聖彼得堡期刊》（*Journal de St.-Pétersbourg*, 1914–1917 為 *Journal de Petrograd*）：俄羅斯法文報，1825 至 1917 年間斷斷續續發行於聖彼得堡，是俄羅斯帝國官方或半官方刊物。

6　普羅修（Plauchut Edmond, 1824–1909）：法國共和派記者，曾居住中國數年，與知名女作家喬治・桑（Georges Sand, 1804–1876）交好。普羅修並非家族成員，但死後葬於喬治・桑的家族土地上。

法文雜誌，也就是緊隨在日本對臺軍事行動結束後。[*Plauchut* 1875; *Plauchut* 1874]

　　普羅修在文中也詳述日本對臺出征主要行動的執行過程和條件。普羅修當時尚不知戰事結局（東京和北京於 10 月 31 日簽署協議，日軍則於 12 月 3 日離開臺灣），但堅稱日本人已獲勝，完全戰勝「邪惡」野人並控制島嶼不小部分：

　　　　出征軍團獲勝並控制福爾摩沙南端及西部和東部地區後，原先獨立自主的部落，除了兩個例外，皆前往軍營表示臣服。〔……〕野人的 16 位主要頭目獲贈象徵和平的各色旗幟。日本人招待新盟友喝香檳。宜人的葡萄酒令新盟友情感大動，他們甚至大哭了起來，並發誓對缺席的戰敗同類心懷忿恨，而對勝利者則懷抱真誠的友誼。

　　此外，普羅修還根據現有的日本人傷亡資料，下了先入為主的結論，即「牡丹社民遭受的可怕懲罰未導致過多流血事件」。〔*Plauchut* 1875, No.14，221〕然而，儘管日方的作戰兵員損失百分比確實不高，至 10 月底已有約 500 名官兵死於熱病。〔*Toder* 1978, 146〕普羅修以一種毫不遲疑的勝戰捷報風格，評估日本在新區域局勢下的前景：

　　結束在福爾摩沙的卓越行動後，〔日本〕可能會隨時間推移在朝鮮測試自己的武器是否強大，畢竟日本在朝鮮也要報其遭受重大屈辱之仇。朝鮮人和如今已被永久鎮壓的福爾摩沙牡丹社民同樣是野蠻人，也同樣憎恨外國人。[7]一旦日本人一如征服牡丹社民般征服韓國人，他們將是唯一僅為進步和自由而戰的亞洲民族。〔*Plauchut* 1875, No.14，221〕

　　整體而言，此文著者毫不掩飾自己的親日沙文主義立場。他以極度輕視的口吻評價中國人、福爾摩沙島上的原住民及朝鮮半島上的韓人。然而，儘管普羅修讚揚日本人是亞洲「唯一僅為進步和自由而戰」的民族，他也直接點出福爾摩沙島對日本人和其他殖民者的主要經濟誘因：

　　帆船自福爾摩沙運往廈門的，包括鹿角和水牛角、獸皮、香木和椰子油。不過，島上還有許多未經開發、斧頭尚未入侵的整座山脈和處女林，我們可以想像它們藏有什麼樣數不盡的財富。在海南島及中國海水域內的許多島嶼上也是同樣情形。歐洲人親自認識這些寶藏的時候已不遠。〔*Plauchut*

7　事實上，日本人 1895 年占領臺灣後，還花了許多年壓制這些「已被永久鎮壓的」牡丹社民。

1875, No.14, 202〕

　　我們可以從闡述方式、著者觀點和內容可信度看出，普羅修的文章大大迥異於在日本出征期間及其後，隨即造訪福爾摩沙的俄羅斯海軍。多虧有俄羅斯海軍軍官的報告，俄羅斯社會才有機會得知關於島上事件較客觀的即時資訊，而不僅限閱讀西方偏頗文章的遲來翻譯轉載。

（三）致《美景觀覽》雜誌編輯室，長崎市讀者來信

　　受命運驅使及指揮官之命，保羅・伊比斯成了其中一位特別關注福爾摩沙島上事態發展的俄羅斯人。他的長文〈中日間的福爾摩沙爭議〉（致《美景觀覽》雜誌編輯室，長崎市讀者來信）1875 年 2 月 20 日刊登於《美景觀覽》雜誌（No. 8, 20.02.1875），時間點就落在日軍出兵結束三個月後，及普羅修的文章俄譯版問世前一個半月。伊比斯准尉蒐集到的資料，部分可再見於其他由他所寫的〈福爾摩沙之旅〉相關文章。〔*Ibis* 1875-III; 1876-I〕

　　伊比斯首篇「福爾摩沙文章」不僅描述日本出征行動整體過程，也針對日本為何需要對半野蠻、開發程度不佳的遙遠島嶼來場勝利的「突襲」，就其外部和內部、公開宣稱和隱而不宣的因素提供直白清楚的解答。伊比斯不僅描述事實，更配以極富洞察

力、細膩，且往往語帶諷刺的個人評論。其中，闡述日本政府的實際動機時，伊比斯不無嘲諷地指出：

> 國族尊嚴需要戰爭捍衛，而日本人實際上早已為此作了準備。……日本政府需要戰爭：狂飆又似無止境的改革，近期令所有人暈頭轉向。民眾都處於狂熱狀態，而鄰近長崎的佐賀去年爆發起義，情況更是變本加厲。此外，新徵稅賦引發國內下層階級普遍不滿並對政府不信任，而舊秩序的擁護者可沒坐視不管。新一場內戰蓄勢待發。當局有必要打破這個危險的騷動局面，以新事件轉移民眾注意力，而且這個新事件最好能一併展示政府各項新措施的好處。為達成以上目標，還有什麼比為民族復仇雪恥的戰爭更方便的手段？更何況所有身著新法式軍裝、手持現代武器的年輕士兵，本來就渴望在全世界注視下，在沙場上大顯身手。就這樣，年初鎮壓了笨拙的佐賀暴動後，日方即派遣軍隊前往福爾摩沙。準備工作進行得十分順利，該有的張揚都沒少。[Ibis 1875-II, 121]

伊比斯援引報紙 The Rising Sun 新聞的報導（英語的新聞報紙），在信中堪稱詳盡地重建不久前在福爾摩沙發生的事件。與此同時，他對日本報紙的勝利者姿態持批判態度，並透過援引其

The Rising Sun，長崎市的英語新聞報紙。

他資料，敘述日本出征行動參與者在精神和肉體層次實際遭遇的困難。不同於普羅修歌頌日本人「輝煌英武」，伊比斯在評價日軍成就時，毫不掩飾自己的譏諷：「但無論如何，日本人得逞了。他們往島內深入燒殺，簡直讓野人膽寒，直到中國人出手制止他們從中取樂為止。日本人毫不留情，燒毀所有東西。」〔Ibis 1875-III，121-122〕

身為軍人，伊比斯準確指出，福爾摩沙居民的脆弱武裝是日本人得以打勝仗的關鍵。伊比斯也諷刺西方「投機客」眾所周知的兩手策略：

由於對手的防禦系統十分原始〔火石槍〕，日本人的損失無足輕重；假設福爾摩沙人擁有的是另一種軍備，日本人的出征大概就無法如此圓滿結束了。奇怪的是，甚至不可原諒的是，我們的歐洲和美國投機客竟錯過這麼好的發財機會，未及時提供野人有膛線槍身的步槍及其他致命武器——就算是在歐洲被淘汰的也好。[Ibis 1875-III，123]

西鄉從道與排灣族於 1874 年牡丹社事件時合影。
資料來源：*Illustrated Weekly Newspaper* Vol XI, No. 274 (27 February 1875) 204.

　　伊比斯簡短描述北京和東京的外交談判過程，並以此為文章作結。談判的結果是日本自臺灣島撤軍，中國則支付象徵性的 50 萬兩白銀作為補償，以及北京實質承認日本對琉球群島的主權。伊比斯不僅點出事件結果對中國人的雙重意義，為何「日本人趾高氣揚，對這些中國人不無輕視譏嘲」，也公正評斷日本人的危險處境，畢竟一旦外交談判失敗，整個征臺軍事行動就告失敗，且國內有可能再現亂局：

　　假設中、日兩國一如預期交戰，而中方也一如預測獲勝，可能的後果將包括日本國庫空虛、貿易和工業活動停滯、進步停擺，而以上現象可能引發日本新一波內戰，帶來又一次

政變，正起步發展的國家將陷入衰退。[*Ibis* 1875-III，124]

　　上述情況可以解釋，為何伊比斯語帶諷刺地書寫日本國內慶祝戰勝活動的多重意義。當時，在「阿斯科爾德號」離開長崎前幾天，俄羅斯海軍官兵親眼見證日本人如何興高采烈：

　　11 月 23 日，福爾摩沙爭議順利解決，特任大使大久保利通自北京歸國，長崎市為此熱烈慶祝。所有停泊軍艦和堡壘都鳴禮砲致敬，各色旗幟妝點市容，盛裝的民眾帶著過節的心情，沿街熙熙攘攘。日本人興高采烈：所有乘船而至的商販和買辦臉上都閃耀著光彩，訴說他們如何打贏中國人，並從中國人那兒削了 50 萬兩白銀。這筆賠款讓日本人倍感稱心如意；他們原本就自視甚高，現在更加倍如此。」[*Ibis* 1875-III，120]

　　由此可見，刊登於《美景觀覽》雜誌的伊比斯來信並非膚淺的拾人牙慧文字，而是頗完整、客觀，且奠基於多項資料來源的綜論，包含對 1874 年事件本身、先決條件和可能結果的批判性分析。後來，伊比斯在〈福爾摩沙之旅〉（1876 年）中重複了對征臺行動的部分描述，並直接點出他的資訊來源：「關於出征行動的細節，部分資訊我取自各類日本和中國報紙，另一部分則

源於見證者的說法。」〔*Ibis* 1875-III; 1876-I〕

我們可以假定，伊比斯寄自長崎市的信件是以公務報告為基礎，而公務報告為受艦隊指揮官之命而作。觀察、資料蒐集和主題研究，以上大概是讓他對臺灣島當時的事件和豐富歷史，以及對福爾摩沙居民的族群組成、根源和日常生活饒有興趣的幾個主要原因。這樣的興趣讓 22 歲的准尉做了極不尋常的事：1875 年冬（也就是日本撤軍僅一個半月後）伊比斯獨自前往臺灣島並完成「學術」之旅。

開始追蹤保羅・伊比斯在福爾摩沙的足跡前，我們先要介紹給讀者，花費多年重建的這位年輕俄羅斯海軍准尉的傳記。

二、「結合海軍軍官的良好素質和能力」：保羅・伊比斯傳記的重建

（一）一百零五年和一百四十年後，主人公的兩篇傳記

蘇聯歷史學家米哈伊爾・契格林斯基。

海軍護航員大隊准尉、俄羅斯護衛艦「阿斯科爾德號」環球航行的參加者，以及〈福爾摩沙之旅〉的英雄保羅伊比斯的傳記，在他去世一百零五年後（1982 年）首次出版。蘇聯歷史學家米哈伊爾・契格林斯基（Michael F. Chigrinsky, 1927–1999）利用俄羅斯國家海軍檔案館的文獻，以及 1987 年登在德國雜誌《地球儀》上伊比斯的文章：〈在福爾摩沙：保羅・伊比斯的民族學之旅〉，還原年輕准尉傳記中的主要環節，並簡單敘述伊比斯於 1875 年 1、2 月獨自一人徒步在島上的旅行。這部俄文傳記被譯為英文和其他文字（龔飛濤醫師等特作英漢譯），從此以後成為全世界學者和讀者的共有財富。[*Reed Ibis Biogr*; *Reed Ekskursiia*; *Kung Fei-tau*]

是故，百餘年後，恢復伊比斯這個在俄羅斯被不公地遺忘的名字，功勞理應歸於契格林斯基，但這位學者只找到關於准尉傳記檔案文獻中的一部分。他不僅不知道 1876 年（在《地球儀》雜誌文章刊出前一年）刊登在《海事文集》中的文章〈福爾摩沙之旅〉，也不知道伊比斯用俄文寫的另外三篇，並於 1875 年刊出文章。[*Skatchkov* 1960; *Riftin* 1991] 因此伊比斯的第一部傳記是不完整的，其中有重要闕漏、錯誤和不準確處。例如，當中錯誤地記載他的出生地、海軍學校畢業日期，以及伊比斯在符拉迪沃斯托克進行治療的時間；錯誤地認為這位年輕准尉未經海軍軍長知曉下去了福爾摩沙，在去歐洲治療前回到了聖彼得堡。沒有指明伊比斯從護衛艦除名的日期和地點，以及他由於不知名的疾病早逝的準確日期和病因等等。

但契格林斯基對進一步研究已知的和新發現的文獻打下可靠的基礎。這些文獻包括護衛艦「阿斯科爾德號」的航海值班日記，伊比斯軍長的報告和他給領導的報告，醫生開立的證明以及其他有關伊比斯在海軍服役、醫療和在歐洲死亡的正式書信來往。在《美景觀覽》（1875）雜誌中，我們找到被遺忘的三篇伊比斯文章，他在這些文章中描述了北海道（蝦夷島）、當地的蝦夷人和 1874 年轟動一時的中日間的「福爾摩沙爭議」。[*Bibliografiya Yaponii* 1965, Pp. 22（No.277），27（No.394），224（No. 5065）] 為了重新構建伊比斯傳記，我們還使用了參加護衛

艦「阿斯科爾德號」航行其他人員（切爾卡斯、馬克西莫夫）的回憶、有關於護衛艦環球航行極富價值的資料：「就海軍部的聖旨」、俄羅斯一些期刊發表的文章、「領航軍校的歷史小品」、《俄羅斯海軍船隻國外航行觀察的第一續集》等。[*Vysochaishiye* 1874, 1877; *Golovachev, Kovalenko* 2017; *Zelenoy* 1872; *Maksimov* 1876; *Pervoye prodolzheniye*; *Cherkass* 1874]

　　對檔案材料的研究，使我們澄清許多新的伊比斯傳記的細節。例如，釐清有關他出生、家庭人員、學歷、資歷和環球航行的細節等資料；也使我們能夠回答很多過去有關他不明的病史和死亡原因，還有他和軍長間的關係等問題。雖然很多事實真相尚未清楚顯明，所蒐集到的資料使我們得以更完整和準確地構建研究對象的傳記，並更深刻而客觀地評價他對研究臺灣和日本的貢獻。接著我們將在他去世的一百四十年後，提出較新版本、更完整也更確切的伊比斯傳記。[*Golovachev* 2012, 2014, 2019a, 2019d]

（二）愛斯特蘭人[8]，領航學校學員

　　1852 年 6 月 16 日，保羅・伊比斯出生於俄國愛斯特蘭省，

8　愛斯特蘭（Estlandia）：愛沙尼亞北部的舊稱，1710 年被俄羅斯王國征服，1721 至 1918 年為俄羅斯帝國境內的愛斯特蘭省。

離塔林東南約 100 公里的愛森伯格（維亞伊克—卡萊達，Väike-
Kareda）農莊的農民家裡。他的父親優剛・伊比斯是倉庫管理
員，和母親安娜・伊比斯育有九個孩子，其中有七個兒子。1852
年 6 月 22 日小男孩保羅・伊比斯在聖彼德里教堂按照福音——
路德教派的儀式受了洗禮。在俄羅斯國家海軍檔案館找到的伊比
斯出生和受洗證明書（德文）證實了這些情況。這份證明書由聖
彼德里教堂格奧爾格・戈寧牧師於 1868 年 4 月 25 簽發，而其俄
文譯本於 1868 年 10 月 15 日由在列維爾（塔林市）的愛斯特蘭
省路德派宗教管理所認證，以便（原文和譯文）交給領航學校。

[Russian State Naval Archive, 1212-2-297, sheet. 6-7]

伊比斯的出生證明書，德文版。　伊比斯的出生證明書，俄文版。

　　伊比斯是個聰明的孩子，15 歲時就具備中學的基礎知識。但是，「愛斯特蘭省農村窮孩子」出身的他，只能用參軍的方法，以公費繼續學習獲取高等教育。

　　1868 年 5 月 29 日，一名來自愛森伯格名叫伊凡（優剛）‧伊比斯的男人，向在克朗施塔特的領航學校遞交申請。1868 年 5 月 17 日發出信件的寄件者，請求學校接受自己的兒子保羅‧伊比斯「受教育」。請求人保證他的兒子在規定學生入學的日期到校，他還明確表示，如果學校因為他的兒子由於健康或不符入學條件的原因不適合服役海軍，以及學校領導認為兒子學習或品行不佳應予開除時，他會立即接回兒子。[Russian State Naval Archive 1212-2-297, l. 1]

伊比斯在領航學校的個人檔案封面，1868—1872 年。

　　根據學校記錄學員的「鑑定本」記載，伊比斯在入學考試時，宗教課、算術、幾何、歷史和地理課都得到優秀的成績（12 分制中 9-10 分）；而代數和俄文的成績尚可（6.6 和 6 分）。入學時男孩志於進入領航部學習，因而獲領航學校錄取。1868 年 9 月 7 日正式開學。

　　1869 年 6 月 3 日，16 歲的伊比斯，從學員四級升到三級。自 6 月 11

日到 8 月 16 日，他登上軍校的護衛艦「伏耶伏達號」（Voevoda），赴波羅的海實習航行兩個月。再過五個月後，1870 年 5 月 31 日（229 號命令），伊比斯被升入二級。1872 年初，伊比斯完成學業並成功通過畢業考試。他在 17 位領航部畢業生中成績達到第六名。1872 年 4 月 16 日，伊比斯被任命為帝俄海軍「軍士級技術員」，年薪 414 盧布。[Russian State Naval Archive, 1212-2-297, sheet. 9–10, 13, 15–16; 406-3-812, sheet 293, back side]

（三）開始在海軍服役和出發去環球航行

畢業後不久，1872 年 5 月 2 日伊比斯被派到第五海軍艦隊服役。從 6 月 23 日到 9 月 21 日，他在「拉扎列夫海年上將號」（Admiral Lazarev）巡航艦上服役三個月，而從 10 月 4 日開始在護衛艦「阿斯科爾德號」上，在特爾托夫海軍大尉的指揮下服役。[Russian State Naval Archive, 406-3-812, sheet. 293, 295] 從這天起，整整三年八個月，護衛艦成為伊比斯的海上之家。這也是他最後服役的地方。

幸虧 19 世紀的出版物能協助我們還原這個「海上之家」的情況。伊比斯的兩位同事謝苗・切爾卡斯中尉和亞歷山大・馬克西莫夫（Aleksandr J. Maksimov, 1851-1896）准尉，出版了珍貴的回憶錄。其中除了正式檔案和其他文件，還補充很多「阿斯科

亞歷山大・馬克西莫夫准尉。

爾德號」護衛艦環球航行的細節和條件。[*Maksimov* 1876; *Cherkass* 1874] 例如，在小品文〈環繞地球：「阿斯科爾德號」護衛艦的航行〉，馬克西莫夫生動地描繪 1872 年 10 月 4 日伊比斯開始在「阿斯科爾德號」服役的情景。正是這一天，全體船員從兵營完全搬上了護衛艦：

　10 月 4 日「阿斯科爾德號」護衛艦的船員兵營裡沸騰著不同尋常的活躍，不可想像的喧囂。……在充滿煙霧的屋裡，在空蕩蕩的床上，可看到小水手們帶著自己的同鄉、妻子、朋友和孩子們。到處可以聽到親吻、嘆息和由於貼心人要離開的牢騷。……要不是水手長一聲響亮的叫喊：「全上前線」，水手們還會和親人和相識說很久。……過半個小時，全體在音樂聲中出發了。……鄉親們用「烏拉！」的喊聲告別，並在路上請出發的人喝伏特加和啤酒。這樣款待的結果是，只有一半船員登上了護衛艦。……過了很久，終於全船人員都到了，將新住處收拾妥當。在護衛艦上回復到海上應有的正軌前，不可思議的混亂還持續了很久。只有到傍晚時，紀律終於占了上風，護衛艦上出現了所有軍

艦上不僅在平時、還是在工作時間都嚴格要求的絕對安靜。

[*Maksimov* 1876, 5-6]

「阿斯科爾德號」在克朗施塔特。

1872 年 10 月 28 日，「阿斯科爾德號」從克朗施塔特出發作第二次環球航行，載著船隊 352 人：16 名軍官、28 名士官、295 名列兵、2 名尉官、2 名俄羅斯航海隊軍士級技術員（其中包括伊比斯）、7 名准尉生，加上船上醫生特里別（Heinrich Tribe）和修士司祭阿爾卡基。

馬克西莫夫同樣詳細和生動地描述了歡送護衛艦和多年航行頭一天的情況：

10 月 28 日早上 8 點在護衛艦上做了送別的祈禱。……這是出發到遠方和危險航行的旅行者由衷而真誠的禱告。我們的

心中都只有一個願望：再次看到祖國、親人和心上人。很多人淚眼汪汪……祈禱結束後，護衛艦上急於收拾，準備接待送行人員、熟人和鄉親。11 點「彼得堡號」（Petersburg）軍用輪船奏著音樂載著客人靠近了護衛艦。船上的客人立刻登上了護衛艦參觀，最後被請去參加告別宴。……宴會後，船長發出起錨的命令。這時歡送的人群再次回到奏著音樂、跟在已起錨的護衛艦後面的「彼得堡號」軍用輪船上。……開過要塞後，「彼得堡號」返回。兩艘船員再次互相喊「烏拉！」，揮動軍帽和頭巾致意。我們注視著帶著我們最親近的一切的船遠去……我們默不作聲，憂鬱地各自回船艙，一面暗自悄悄說著：「再見吧，祖國！再見吧，心上的親人！只有上帝知道我們還能不能見面！」……「放禮砲！」值班班長的響亮命令響起，打斷我們親近但憂鬱的思路。告別的砲聲響亮而有節奏地在空間消失，這樣給親愛的土地和心中最親的人送去最後的問候……我們從城堡得到我們對其問候的回答後，全速前進，開始很快離開心中最親的土地，遺憾地看著逐漸消失的克朗施塔特，帶著思念向前看著我們的護衛艦通向無窮的廣闊天地！……[*Maksimov* 1876, 5-6]

俄羅斯的護衛艦為什麼要離開祖國的海岸？看來馬克西莫夫引用官方的樣板回答這個問題：

「阿斯科爾德號」環球航行的任務，是和在太平洋上執行觀察任務的護衛艦「波雅琳」（Boyarin）進行交接，爾後從屬於東西伯利亞總督，用以遞送各種郵包、巡航，以及在太平洋各外國港口展示俄羅斯國旗。這次航行的另一個目的，是透過實際航行的經驗，訓練年輕軍官和水手的航海業務。[*Maksimov* 1876, 2]

除此之外，所有在俄羅斯海軍艦上進行環球航行的參加者，都負責與在亞洲遙遠地區的各國政權和人民建立聯繫，蒐集可供船隻給養的地方、可能的營商關係信息等任務。在遠航中能否成功地完成這些目的和任務，取決於整個船上人員的努力是否協調、具忘我精神和身體健康。

（四）航行的條件：准尉生船艙裡的日常生活和風險

不斷應對大自然的挑戰，不分晝夜在任何天氣條件下值班，氣溫和氣候帶的急劇變化，單一的飲食，稀奇古怪的疾病和 352 人長期在 66 公尺長的船上空間被隔絕——這只是每一位環球航行參加者每天例行遭遇許多困難中的一部分。

由於和伊比斯於數月間同住一個「准尉生船艙」的馬克西莫夫，我們得以確切地了解年輕人在護衛艦上擁擠的生活條件：

在護衛艦上的准尉生們的處境是極為難忍和不愉快的。小小的船艙（長6步、寬4步）住著12個人：這裡又是他們的臥室，又是餐廳，甚至可說是病房，因為沒有為准尉生們設置病房：長官就是認為年輕人不應生病。但是水手們卻有病房。生病的「高級」軍官可以很舒服地躺在自己冷熱皆宜的船艙裡，而罹病的准尉生卻應躺在共用的准尉生船艙。不停歇的喧嘩、煙霧、悶熱、穿堂風、潮濕等，這一切必然使病人大失所望。准尉生們分兩層睡，為此而把環繞著船艙放的沙發靠背卸開，用皮帶吊掛在橫梁上。可以想像睡在上層的准尉生們的處境，當船劇烈晃動時，為了避免強迫的「免費」空中旅行，必須手腳並用抓緊，甚至用牙咬住。即使如此使勁，只要稍一打盹，立即會掉到桌子上或桌子下，要不然就來不及。（……）稍加謹慎的准尉生們一定會在夜裡把自己綁住。（……）生活不好受，很不愉快，但同時它也包

斯捷潘‧奧西波維奇‧馬卡羅夫（Stephan O. Makarov, 1848–1904），1866 至 1867 年參加護衛艦「阿斯科爾德號」的初次環球航行，五年後伊比斯入住馬卡羅夫住過半年的「准尉生船艙」。日俄戰爭時，馬卡羅夫上將指揮俄國太平洋海軍艦隊，1904 年 4 月 13 日於旅順口陣亡。

含了很多很多美好之處！[*Maksimov* 1876, 31-32].

　　「阿斯科爾德號」經過艱難的秋日波羅的海航行後，在英國做了長久的停留。1 月 3 日護衛艦從普利茅斯出海向佛德角開去，但是遇到了猛烈風暴而返回普利茅斯修理。2 月 2 日船修好了，護衛艦再度從普利茅斯出發，並於 2 月 17 日來到格朗德港。2 月 26 日，「阿斯科爾德號」起錨，經大西洋前往蒙得維的亞。

　　描述多年在海上航行遇到的困難和危險，不太符合學術傳記的風格，但檔案資料還是讓我們能夠──哪怕透露一起戲劇性的事件──前面提到的在比斯開灣的冬季風暴。由於這次風暴，伊

「海面鎮日沸騰，把巨浪拋向抖動的護衛艦」，「阿斯科爾德號」，繪畫作品。

「阿斯科爾德號」船長特爾托夫（Pavel P. Tyrtov, 1836–1903）。晚年當過上將、俄國海軍部部長。

比斯和船艙中其他室友的個人財物蒙受極為嚴重的損失。關於這起事件的簡單描述，保留在「阿斯科爾德號」船長特爾托夫的報告中。這份報告是在護衛艦抵達上海五天後，接受太平洋艦隊指揮官布琉梅爾海軍少將指揮，於 1873 年 10 月 28 日遞交：

> 整個 1 月 8 日〔1873〕，這一天猛烈的暴風持續侵襲。夜裡海浪沖開了左邊的後甲板艙門……致使護衛艦湧進大量海水。雖然到處都已設置閥門，但這時軍官休息室的出口卻開著，穿過出口，水淹進了下甲板，淹沒准尉生的船艙。水已升到箱子的一半高度，損壞許多准尉生的財物。
>
> 准尉生、技術員、士官生名單：
> ─……，……，……，……，……〔5 位〕
> ─技術員 ……，保羅‧伊比斯，……〔5 位〕
> ─士官生 ……，……〔2 位〕

　　布琉梅爾海軍少將於 1873 年 11 月 12 日從上海發給海
軍部的報告中，也提出同意護衛艦船長的請求：

　　「阿斯科爾德號」護衛艦船長在 10 月 28 日／11 月 11 日
　　發出的 545 號報告中，向我報告了他收到發給准尉生們每人
　　50 盧布補助的許可，以補償他們在比斯開灣遇上風暴造成
　　船艙淹水蒙受的損失，並請求我給予和准尉生住在同一船艙
　　的 3 名技術員和 2 名士官生與准尉生同等的補助……。
　　　　向海軍部監察局報告的同時……請允准「阿斯科爾德號」
　　船長發給 3 名技術員……、……和保羅・伊比斯以及 2 名
　　士官生……和……，每人 50 盧布銀幣的補助金。[Russian
　　State Naval Archive, 410-2-6745, sheet. 75, 77]

　　奇怪的是，在受災人名單中，並未標出船艙內第 12 名乘
客──未來的作家馬克西莫夫。根據他的遊記〈從克朗施塔特到
曼谷〉記載，不知什麼原因，他在泰國離開了護衛艦。無論如何，
在從克朗施塔特出海時，馬克西莫夫是被寫入船員中 7 名准尉生
名單，而他在自己的回憶錄中也仔細描述了船艙淹水的事件：

　　1 月 3 日，風暴終於稍事平息……護衛艦……起錨，雖然
　　前一天從格林威治天文臺發來警告：任何船隻不得出港，因

為很快會有強烈的風暴來襲。但是我們沒有聽從善意的警告……，老實說，我們因此付出了巨大的代價……。1 月 8 日……海面鎮日沸騰，把巨浪拋向抖動的護衛艦。然而，它輕巧地飛上浪尖，又很快沿著海浪的陡坡掉進張著嘴翻騰著的深淵……從 8 日到 9 日夜裡，我們面對最後的考驗。風暴以其消散前的力量給予我們最沉痛的（特別是對准尉生們）打擊。

將近半夜時分，上面發出一聲可怕的破裂聲，一道巨浪沖破左船舷，沖進後甲板門，在甲板上瘋狂地尋找出路，一切都被強烈的波濤推翻……遺憾的是，海浪找到了湧入船的破口！雖然到處都設置了乾燥的艙口，但這時候，就像是故意的，軍官休息室的出口卻開著，甲板上的海浪就全部沖向了那裡。下面一片驚惶失措：頃刻間，作為生活一部分的甲板被淹沒，准尉生的船艙裡水沒到了大腿。[9]我們立即從床上跳起到水中，以為船要沉了，但過不了幾秒便清醒過來，跑去救我們已被水淹沒的箱子中的財物。但為時已晚：等到把船艙的水排出，我們大部分的東西已損失殆盡。箱子裡的東西都浸透了鹽水，幾乎全不能使用……我們絕不會忘記這

9　馬克西莫夫注：准尉生的船艙位於生活甲板上，幾乎直接在軍官休息室出口的下方。因此，第一波淹水水就沖擊了它。

一切，只有在所有被損壞的東西被修好和補償後才可能忘記。……1 月 10 日下午 4 點，我們又回到了那未想離開的普利茅斯泊地，在達文波特拋下了錨。[*Maksimov* 1876, 78, 83, 86-88]

根據報告和回憶錄的記載，所有被損壞的財物都被船員們修復，而且過了一段時間，關心大家的指揮官們還補償物品的損失。但風暴本身卻緊密伴隨保羅‧伊比斯在海軍服役的日常生活，且成為難忘的極端事件。

（五）從大西洋到太平洋的航行，在遠東的巡航和伊比斯出發去福爾摩沙

前面已提到，1873 年 2 月 2 日護衛艦在普利茅斯修復後，揚帆啟程。經過大西洋，來到維德角群島（2 月 17─18 日），然後跨過赤道線訪問了布宜諾斯艾利斯（3 月 31 日），安全地通過了麥哲倫海峽，進入了瓦爾帕來索（5 月 31 日）、火奴魯魯（6 月 29 日）和長崎（10 月 16 日）。離開克朗施塔特 360 天後，護衛艦於 1873 年 10 月 23 日抵達上海，並完成環球航行的前半段路程。此後，作為俄羅斯太平洋海軍艦隊的一員，展開為期兩年多在亞洲東部和東南亞海域的巡航。

「阿斯科爾德號」在東亞和東南亞海域的巡航。

　　「阿斯科爾德號」從上海出發，在 11 月 25 日抵達香港。12
月 24 日，伊比斯被授予准尉稱號（自 8 月 30 日起生效）。在香
港長久停留後，護衛艦在 1874 年 2 月 12 日出發前往曼谷。在曼
谷，「阿斯科爾德號」以海軍少將布琉梅爾為首的高級軍官於 2
月 25 日受到泰國年輕國王隆重接見。這次訪問的歷史，在切爾
卡斯中尉的回憶錄中有詳盡的描述。離開曼谷以後，護衛艦繼續
巡航，分別訪問新加坡（3 月 8 日）、馬尼拉（4 月 27 日）、長
崎（5 月 20 日— 6 月 15 日）。從 1874 年 6 月 21 日到 8 月 2 日
在符拉迪沃斯托克（海參崴港）停留一個半月。8 月 2 日中午護
衛艦出海，於 8 月 4 日來到北海道島的函館。8 月 21 日早上
「阿斯科爾德號」離開函館，約兩個月（8 月 23 日—10 月 18

日）在橫濱停靠。自橫濱啟航，護衛艦到過神戶（10 月 21 日—26 日）和長崎（10 月 28 日—11 月 15 日）。離開長崎前幾天，伊比斯完成並發信給《美景觀覽》雜誌編輯部三篇文章的手稿：〈蝦夷人〉、〈蝦夷島〔北海道〕〉，和〈中日間的福爾摩沙爭議〉。這些文章恰好是伊比斯在臺灣考察的中期與後期刊出（分別在 1875 年 1 月 30 日、2 月 6 日和 2 月 20 日，該雜誌的第 5、6 和 8 期）。[*Ibis* 1875-I, *Ibis* 1875-II, *Ibis* 1875-III]

從 11 月 25 日到 12 月 10 日於上海停留後，護衛艦於 12 月 16 日抵達香港。之後的三個月，從 1 月 1 日到 3 月 29 日，「阿斯科爾德號」在香港泊場停泊。正是這個時候，在兩年多的航行歲月，伊比斯第一次獨自下船，為了完成自己的「福爾摩沙之旅」。准尉如是描述了他的新旅程：

　　「阿斯科爾德號」護衛艦於 12 月底到達香港，即將長期停泊。在那裡，我向布琉梅爾將軍大人陳述了我的計畫，請求他准予我離開護衛艦，給我實行計畫所需的假期。大人對我的志業表示支持，允許我暫離崗位兩個月，使我有機會認識了一些歐洲人從未接觸過的原住民部族。

　　我迅速為旅行做好必要的準備，並於 12 月 28 日搭乘澳大利亞的「佩勒姆號」帆船離開香港。這艘船前往打狗載貨，對我而言，打狗是不錯的起點。在香港和福爾摩沙之間亦有

輪船通航，每月兩班，自香港開往淡水和打狗，但下一班船還要等候許久，所以我只好乘帆船出發。不過，我也並未因此節省多少時間——由於風勢強勁，我們在香港附近滯留了很久，直到航程的第十三天才抵達打狗。多虧了香港朋友的盛情，我帶著介紹信拜訪當地的傳教士和商行代表，他們給予我許多實用的建議，熱情款待，並且對我的計畫表達誠摯的支持，對此我甚是感激。

（六）1875 年福爾摩沙之旅與發病初期

伊比斯在 1875 年 1 月 21 日（公曆）抵達福爾摩沙南部的打狗港（高雄），那時已因惡劣天氣而嚴重耽誤時程。

幾天後，1 月 23 日，伊比斯徒步走出打狗，展開「目標為福爾摩沙南部的初步島嶼之旅」。隨後數日，他幾乎抵達島嶼最南端，在那裡看到福爾摩沙的「生番」，成功接觸若干原住民部族代表，並返回打狗。休息數天後，俄國准尉啟程往北，造訪島嶼的首府——臺灣府，並於 2 月 2 日自府城動身往東行，深入島嶼心臟，接著再度向北，來到嘉義縣和彰化縣。

徒步沿著低平而人口稠密的福爾摩沙西部前行，伊比斯接觸了平埔族原住民、客家人，甚至是不久前才自願歸順中國的「傀

傴」。這位俄羅斯准尉始終勤懇記錄（文字加圖畫）路途中他的民族學觀察。

遺憾的是，由於趕搭六、七天後從北方港口淡水駛往大陸的汽船「海龍號」，伊比斯沒能拜訪著名的山間之日月潭。2月19日，在綿綿無止境的冬雨中，伊比斯克服艱辛路途，終於抵達淡水港，並在布朗商行的屋子停留休息。關於這段經歷，在他的旅行手札是如此說的：

> 我每日行進約 20 里，有時更多，五天之後（2 月 19 日）抵達大稻埕——距離淡水港灣 8 里的歐洲人聚落。雨接連不輟，在某些地方還必須渡過氾濫漫溢的河流，在及腰的冷水裡行走，夜宿令人厭惡的地方——在鴉片館，糟糕的屋頂有時還不能避雨。我的挑夫因為不習慣濕冷而病了，我花了好一番工夫才找到另外兩人幫忙他們。不難想像，歷經了這樣的旅程之後，能在布朗商行舒適的房子裡休息，我是何等滿足——我在大稻埕、打狗和臺灣府都受到布朗商行的款待。
>
> [*Ibis*1876-II, 134-135]

餘下幾天，伊比斯考察並記錄本地製茶，還造訪北方港口基隆，並帶著介紹信，在基隆結識當地港口的中國海關主管。這位主管（職稱為「助理」）名叫尼古拉·提圖希金，是第一位在臺

灣的俄羅斯居民。他自北京來臺後，1873 年起任職於基隆，任
職期間還開設島上首座氣象站。3 月 6 日，伊比斯搭乘中國砲艦
「福星號」自基隆返回淡水。同日，他搭乘「海龍號」汽船前往
南部；3 月 8 日，「海龍號」在打狗停留數鐘頭，並在 3 月 11
日抵達香港。

伊比斯順利完成「福爾摩沙之旅」後，繼續於「阿斯科爾德
號」護衛艦上服役，但在 5 月患了感冒。隨後，他開始與「間歇
性熱病」艱難地搏鬥。據船醫說，他的「症狀發作情況嚴重，且
久病不癒」。9 月初，經過在符拉迪沃斯托克（海參崴）海軍醫
院為期一個月的治療，伊比斯登上「阿斯科爾德號」護衛艦，離
開海參崴的港口。1875 年 10 月到 1876 年 1 月上旬，護衛艦停
留於橫濱港停泊場，當時伊比斯可能曾在岸上的醫院繼續接受治
療。

（七）從「環球航行」歸來，並為了在歐洲治病被除名登陸

1876 年 1 月 8 日早上，東正教聖誕節的次日，護衛艦離開
了橫濱返回祖國。從橫濱出發，途經香港、新加坡和亞丁，穿過
蘇伊士運河，於 3 月 27 日，在出發後經過兩個半月的旅程到達
地中海的塞得港。4 月 1 日「阿斯科爾德號」進入了比烈依港，
而後從 4 月 29 日到 6 月 1 日下錨在薩洛尼卡泊場。在薩洛尼卡

時，指揮部命令把伊比斯登岸治病並除名。就這樣，他永別了多年為家的護衛艦。根據文件記載，從 1872 年 10 月 4 日到 1876 年 6 月 1 日，伊比斯在「阿斯科爾德號」護衛艦上共計度過了 1,283 天的環球國外航行，另外還在泊場停留 23 天。[Russian State National Archive, 406-3-812, sheet 297] 結果，護衛艦從環球航行回國很久之前，准尉因病被除名登岸，沒有回到祖國，不是從俄羅斯出發去國外治療，而是直接從地中海去的。希臘海面船隊隊長伊凡・布塔科夫（Ivan I. Butakov）海軍少將，於 1876 年 6 月 1／13 日[10]發給海軍部主管的正式報告中請求給予伊比斯兩個月的帶薪假期，以便讓他在奧地利礦泉產地治療，並在維也納的一間醫院動手術。[RSNA, 283-3-2489, л.117-119] 就這樣，准尉結束為期約四年的環球航行。正於此年，他感染了當時尚未知的不治重症。

　　1876 年 6 月 1 日後到 9 月底，「阿斯科爾德號」幾乎一直停泊在土耳其的伊士麥。11 月 20 日護衛艦出海，經大西洋於 1877 年 1 月 12 日到達美國查爾斯頓。之後，一直在美國的海岸邊，4 月 29 日才收到回聖彼得堡的命令。然而在這之前的三個星期，25 歲的伊比斯在義大利的比薩市去世了。

10　19 世紀，俄國使用儒略（舊）曆法。當時，儒略曆法比歐洲（新）公曆晚 12 天，因此俄羅斯人在正式文件中常指出新舊曆的日期。

（八）伊比斯的怪病和他的死亡：超時空的最終診斷

伊比斯重病的性質和他早逝的原因，在一百四十年後仍然還是個謎。為何伊比斯病了？是否和他的臺灣之行有關？罹患何種疾病？能否挽救？底下給出這些問題的答案。

只有在 2017 年夏天從俄羅斯國家海軍檔案館找到了新的文件後，並將這些文件送交給兩位專業的俄羅斯醫生——一位內科和一位外科醫生，方可確定准尉患病的原因和精確的診斷結果、病歷及診治經過，還有准尉死亡的情形和日期。醫生們最終作出遲來一百四十年的「超時空」疾病診斷結果。[*Golovachev* 2018 a；*Golovachev* 2019d, 49-61]

准尉的疾病及其與「環球航行」、造訪福爾摩沙的可能關聯

契格林斯基，首位伊比斯傳記研究者，根據檔案文獻以界定准尉生病的某些日期和資料，認為他死於「肺氣腫」：

> 對伊比斯來說，持續四年（1872—1876）在「阿斯科爾德號」上的航行以悲劇告終。他在 1876 年 6 月罹患嚴重疾病。在符拉迪沃斯托克醫院的治療並未得出結果，而在「阿斯科爾德號」抵達克朗施塔特後，再把伊比斯送往奧

地利，希望能很快治癒。但是病情（看來是肺氣腫）仍持續惡化，1877 年 4 月伊比斯在從奧地利到比薩後去世了。[*Chigrinskiy* 1984, 57]

上面引述的資料還原了事態的輪廓，但一些片段和枝節是有誤的，因此需要補充修正。例如，伊比斯不可能於 1876 年 6 月在符拉迪沃斯托克生病和接受治療，因為「阿斯科爾德號」於 1876 年 1 月 8 日從橫濱出海往歐洲的回國路上，不曾進入符拉迪沃斯托克。伊比斯只有在一年前，1875 年春天（5 月 18 日—6 月 1 日）和夏天，護衛艦兩次進入符拉迪沃斯托克中的一次，才可能躺在符拉迪沃斯托克的醫院。

「阿斯科爾德號」的值班日記則給出了關於在岸上治療問題的最終答案。由於在護衛艦上的治療沒有效果，船長把病人轉往岸上。根據值班軍官的記載，1875 年 8 月 4 日，伊比斯從符拉迪沃斯托克的泊場和其他病人（共 15 人）一起被送往岸上的病房，以便在海軍醫院進行治療。[11]由船醫特里別（Heinrich Tribe）簽署的第二個船上值班日記的內容，記錄伊比斯從 1875 年 8 月 4 日到 9 月 6 日，在醫院治療了 33 天。

11　在符拉迪沃斯托克的海軍醫院於 1872 年 11 月開放。一開始只有 120 個床位，但增建迅速，1873 年就有 600 多名病人在這裡接受治療。

符拉迪沃斯托克的海軍醫院，1870 年代。

　　一般情況下，俄羅斯船隻在離開遠處的海港時，盡量不把生病的海員留在當地的醫院。所以 1875 年 9 月，伊比斯也搭乘「阿斯科爾德號」離開了符拉迪沃斯托克。在返回歐洲的途中，雖已是慢性病患者，他還是全程住在那個擁擠且住著 12 個人的准尉生船艙裡。

　　極有可能，年輕的導航員起初並無健康的疑慮，因為被任命到「阿斯科爾德號」船上參加環球航行的必備條件，就是要有強健的體格。兩年多後，在 1875 年 1 月來到福爾摩沙前，伊比斯總的說來還算健康，並能成功地完成如此艱困嚴峻的旅程。

　　伊比斯命中注定的疾病，可能好發於他在島上的時日，在難以適應的氣候、陌生的自然環境和惡劣的探險條件下患病。眾所

年日軍出兵期間，日本人面臨的巨大問題是大量罹患「黃熱病」。伊比斯的旅行記載也包含兩個關於「強熱病」的消息。第一次是在 1875 年 1 月中旬，在島的南部牡丹社地區（現在的屏東縣）染上此病：

　　我們出了森林，走向河岸，福爾摩沙最令人驚豔的風景在我面前展開：河水從一道寬約 20 俄丈的幽暗隘口流出，兩側是幾乎垂直的裸露板岩，高約 500 多英尺。在峽谷深處，出現一片被茂密樹林覆蓋的橫向峭壁。那是通往牡丹人和高士佛人土地的入口，日本人稱之為「石門」。他們和原住民的一場血戰就在此地發生。原住民掩蔽在草木之中，絕望地捍衛這座天然堡壘。

石門影像。

漢人不願再往前走了，指著自己的脖子，表情害怕。但我不由自主地被雄偉的大門後頭那個神祕國度吸引，涉水而過，獨自繼續前進。

……我沒能在天黑前到達可棲身的地方，只好露宿野外。受到夜晚水氣、寒冷土地和潮濕衣物影響，第二天早上我在嚴重的寒熱中醒來（我竟然發高燒，全身無力）。多虧幾位原住民（大概是高士佛社的原住民）（把我帶下山，回到石門。然後，我自己一個人拖著疲憊的身軀來到漢地），我才回到了漢人屯墾區，喝了茶，稍作休息，傍晚歸返瑯𤩝。

翌日早晨（吃一些適當的藥物之後，寒熱旋即退去），我已經康復，於是離開瑯𤩝北上——這讓官員們高興極了。
[*Ibis*1876-II, 115; *Ibis* 1877, 187]

據伊比斯寫道，第二次，去除其他因素外，由於再次發熱病，他不得不取消前往臺灣中部日月潭的計畫。

幸虧「熱病」沒有妨礙准尉完成旅行，雖然冬天的寒冷和潮濕，對同行的本地同路人、搬運工也是極嚴峻的考驗。不可排除，熱病並非感冒而是瘧疾，雖然冬天在島上沒有它的主要傳播者——瘧蚊。

無論如何，准尉在 2 月底從福爾摩沙回來時相當健康，並繼續在護衛艦上正常服役。果不其然，在船上住滿人的閉塞空間

中，長期潮濕、氣溫變化、奇怪的傳染病、繁重的體力勞動、菲薄的飲食，心理上的過度緊張以及其他各種考驗，甚至對「環球航行」最年輕強壯的參加者，也會逐漸使其體格、抵抗力和生命力衰弱。

根據船醫特里別的記敘，在航行初始，剛自克朗施塔特出發，護衛艦上「由於寒冷和下雨天氣，多半流行的疾病是傷風發熱」。在太平洋上秋季的天氣也差不多。快速帆船「騎士號」（Vsadnik）的船長，在《克朗施塔特通訊》[12]的報導中（橫濱，1874 年 10 月 15 日）是這般描繪此種天氣：

> 雨、泥濘、強烈的冷風——一言以蔽之，和我們俄羅斯的秋天毫無區別的真正的秋天到來了。同樣的灰溜溜、一團團雲彩的天空，同樣穿透全身的秋季毛毛小雨……在這種時候即使在岸上都會心情不好，更別說在船上了……。
> [*Novosilsky* 1874; *Perviye* 2005, 177]

在遠東，春季的天氣也同樣狡詐，使伊比斯罹患致命的感冒。根據布塔科夫（Ivan I. Butakov, 1822–1882）海軍少將的「報

12　《克朗施塔特通訊》（*Kronstadtskiy Vestnik* [*Kronstadt Herald*]）是俄羅斯最早的報紙之一，它於 1861 年由海軍軍官創辦，出版至今不斷。

海軍少將布塔科夫。

告書」：

　在「阿斯科爾德號」護衛艦上服役的海軍導航員軍團保羅・伊比斯准尉，於去年（1875）5 月因感冒導致牙疼和上頜腫瘤，由此在顏面外部產生了骨瘍。在符拉迪沃斯托克醫院治療後，在上頜原處出現了瘻管，至今還存在。[Russian State National Archive, 283-3-2489, sheet 117]

　根據船醫特里別的報告，1875 年春季在護衛艦上最好發的疾病之一是「卡他性熱病」：

　患卡他性熱病最多的次數是 4 月分（11 人），其他時間每月只有 1 至 2 人。病人抱怨有輕度的寒顫、低燒、流鼻涕，以及呼吸道、喉嚨的卡他性病變。只有一個病例有間歇熱的症狀。[*Pervoe prodolzheniye*, 374, 386]

　引文末的描述可能指的就是伊比斯。無論如何，按照醫師的看法，上述所有疾病「都應歸咎於大氣現象」。

在歐洲醫院療養地治療的嘗試

上面提到的「希臘海面船隊隊長布塔科夫海軍少將的報告書」中，留下最多的資料。這份報告書是他在薩洛尼卡，基於船醫特里別和護衛艦船長的報告，於 1876 年 6 月 1／13 日寫成。報告書中詳細敘述伊比斯的病史和治療方法，一直寫到 1876 年 6 月 1 日他被除名上岸為止。[13]

除了這份報告外，我們找到其他檔案文獻，其中有准尉個人的手寫報告、醫療證明和海軍少將的再次請求。這些文獻使我們得以重現伊比斯從被除名登岸到 1877 年春天離世的命運。

根據文獻，布塔科夫海軍少將決定將用以治病的 219 盧布，於 1876 年 6 月 18 日撥到了公家帳號。此外，布塔科夫少將也支付伊比斯的年薪 320 盧布，以及六個月的帶薪假期，以鼓勵伊比斯四年環球航行期間服役「努力和勤勉的模範」。

1876 年 7 月 4 日准尉開始在維也納的醫院接受「耳科大夫」阿達姆・波利采爾[14]的治療。8 月 1 日波利采爾建議病人在

---

13 契格林斯基首先發現並引用了布塔科夫海軍少將的報告。

14 阿達姆・波利采爾（Adam Politzer, 1835-1920），匈牙利耳鼻喉科醫生。耳科的主要創始人之一，維也納第一位耳科教授。1873 年，他在維也納創立了一家專門的耳科診所，以及作為該所的終生的所長。他所撰寫的教科書 *Lehrbuch der ohrenheilkunde* 多年來一直是該主題的標準及權威的專書。

維也納醫院的耳鼻喉科醫生
阿達姆・波利采爾。

德國的山地礦泉產地繼續治療。一個
月後，9月2日，伊比斯從巴德—索登
療養地（法蘭克福市西北 15 公里）給
海軍部發了報告，請求延長治療期：

　　報告：由於給我的假期……即將結
束，而我的健康狀況不允許我停止治
療，並按時在 9 月 1 日前回到聖彼得
堡，因此我極為恭順地請求允許我留在國外直到痊癒。為此
附上季連尼烏斯醫師和耳科醫生波利采爾教授的證明。[15]

　　海軍航海員軍團准尉保羅・伊比斯，於索登（法蘭克福市
附近）1876 年 8 月 21 日／9 月 2 日，我的地址：Bad Soden
（bui Frankfurt a/M）Frankfuter Hot №.31。[Russian State
National Archive, 283-3-2489, sheet 164-165]

　　值得注意的是，在官方文件枯燥的語言中，可清楚看見海軍
長官們對自己下級軍官的真誠關懷。1876 年 8 月 20 日，布塔科
夫海軍少將給海軍部辦公廳發去了新的報告書（發於 1876 年 8

15　參閱格奧爾格・季連尼烏斯（Georg Thilenius）醫師 1876 年 9 月 2 日開立的
　　證明，以及耳科醫師阿達姆・波利采爾 1876 年 7 月 20 日／8 月 1 日開立的
　　證明。

月 17 日，基於「阿斯科爾德號」船長的報告），請求延長給伊比斯的假期和海軍薪俸（每月 72 盧布）到 1877 年 1 月 1 日。就在當月，8 月 24 日這個請求被核准了（1876 年 9 月 8 日簽發的 8111 號命令），延長伊比斯在國外的公費醫療「直至痊癒」。[Russian State Naval Archive], 283-3-2489, sheet 163, 168-170, 175-76]

布塔科夫海軍少將除了描述伊比斯的「嚴重病情」（「左耳發炎和肺卡他」）外，還指出他崇高的個人品德，這也是特別獲得關心的原因之一：

生病時伊比斯准尉參與四年的環球航行，並且把海軍軍官的良好品質和能力結合一身，因此得到海軍高級將領的關心是完全正常的事。[Russian State Naval Archive, 283-3-2489, sheet 169-171, 173]

之後，准尉在德國繼續治療。在 1876 年 9 月 2 日開立的證明中，季連尼烏斯醫師附上在伊比斯報告中提到始於索登治療的「明顯成效」，並建議在瑞士繼續治療。冬天便在法國或義大利的南部度過。這項證明還說明了一個重要的細節——伊比斯是遵從了季連尼烏斯的建議在冬天去了比薩市。[Russian State Naval

Archive, 283-3-494, sheet 172]

　　遺憾的是，奧地利和德國醫師開出用高山療養地礦泉的治療沒能「完全治癒」；相反地，病況更進一步惡化了。因此伊比斯在 1876 年 12 月底，從義大利的比薩市又寫了第二份報告，請求將假期再延長四個月並保留公費。這項請求再次被批准。這次的申請是 1877 年 1 月 3 日簽發的 1226 號聖詔批准，此事在 1 月 2 日經過利伏諾俄羅斯領事館用電報通知了伊比斯。[Russian State Naval Archive, 283-3-2489, sheet 195, 198-199, 201-203]

　　1877 年 3 月 19 日（死亡前一個月），伊比斯將第三次，同時也是最後一次報告的信件寄給海軍部，此份報告中已不再是用他特有的楷體字，而是一個衰弱的重病患者用顫抖的手書寫的字體。在這份報告中，伊比斯不再請求延長假期和薪俸，而是通報：

　　　　到現在還使我躺在病床上的熱病……花光了我所有的積蓄；所以在我離開結清所有帳款後，我已無法再出發。
　　　　[Russian State Naval Archive, 283-3-2489, sheet 207-208]

　　看來，伊比斯已失去治癒的希望，而只是說出唯一的請求──幫助他從比薩市回到祖國：「恭順地請求軍部允許給我一些補助或從比薩到聖彼得堡的路費。」[Russian State Naval

Archive, 283-3-2489, sheet 207-208]

　　從附在報告中的醫師證明可觀察出，著名的歐洲醫師最終還是沒能找到真正的死因。醫生們在指出明顯症狀的同時，卻不能給予有效的治療，甚至企圖推開病人，小心地把他一會兒推向南方，一會兒推去北方的家裡。安東尼奧・彼羅奇在 1876 年 12 月 23 日給伊比斯的病情下結論，預言了每況愈下的病勢：「毫無疑問，幾個月後他將因本地氣候條件的影響，健康狀況會顯著惡化。因此他得到這項敦促他回家的證明。」[16][Russian State Naval Archive, 283-3-2489, sheet 196]

　　當然，聖彼得堡的氣候不可能比比薩市的氣候更利於健康。不管怎樣，伊比斯終究未能回到祖國。他的報告於 1877 年 3 月 14 日送抵聖彼得堡，而收到報告的證明是 3 月 24 日編制，並於他在比薩逝世前四天的 4 月 2 日簽發。

　　1877 年 5 月 11 日俄羅斯外交部發給海軍部的 4158 號信件，通報了令人悲慟的消息：

　　　　內務司榮幸地通知……根據我部在利伏諾領事館的報告，4 月 6／18 日，曾在護衛艦「阿斯科爾德號」服役的航海員

---

16 參閱彼羅奇醫師的證明（法文），1876 年 12 月 23 日，比薩。

軍團軍官保羅・伊凡諾維奇・伊比斯於比薩逝世。[Russian
State Naval Archive], 283-3-2489, sheet. 208, 217]

　　這封短信的第二段及其後段落，詢問了死者是否尚有親屬、
他們是誰、住在哪裡。6 月 24 日海軍部通告了外交部，進一步
通知死者的家屬：

　　伊比斯准尉有親兄弟——軍航海員軍團第四機組的弗里德
里赫・伊比斯，該人年 22 歲並在克朗施塔特服役。[Russian
State Naval Archive, 283-3-2489, sheet. 218, 222-223]

　　早在 5 月 19 日，伊比斯的名字已被納入從海軍名冊除名的
命令草案中。而根據 1877 年 6 月 4／16 日發布的海軍部 1247 號
至尊指令中，將死亡的海軍航海員軍團准尉保羅・伊比斯正式從
軍官名冊中除名。[*Vysochaishiye* 1877]

伊比斯的疾病：超時空的最終診斷

　　為了結束這段故事，只剩下最主要的任務尚待解答，這個任
務無論是 19 世紀的「阿斯科爾德號」護衛艦船醫、符拉迪沃斯托
克醫院的醫務人員，和歐洲醫學傑出人物都沒能解決，亦即對伊
比斯的不明疾病給出專業的診斷，並評價可能的治療方式。為了

完成這項在 19 世紀不可能的任務，我們把現有有關伊比斯的病歷
資料於 2017 年轉交給兩位專業醫師——塞瓦斯托波爾市的內科大
夫尼‧伊‧尼科諾娃—戈洛瓦喬娃（N. I. Nikonova-Golovacheva）
和聖彼得堡的外科大夫彼‧米‧契格林斯基（P. M. Chigrinsky，
米‧費‧契格林斯基之子），他們給出了超時空的最終診斷。這
兩位專家，同時又各自獨立地得出完整一致的醫學結論。

1. 內科醫師／醫學博士尼‧伊‧尼柯諾娃—戈洛瓦喬娃（塞瓦斯
　　托波爾市）：

　　　病歷分析：保羅‧伊比斯，23 歲，1875 年春天在航行途
　　中著涼感冒，或罹患當時所謂的「卡他熱」。由於感冒引起
　　耳朵併發症，之後疾病轉到上頜，病況惡化形成瘻管。疾病
　　的附帶症狀還包括了間斷的中毒性發熱、囈語，出血病、衰
　　竭，並出現了支氣管和肺部疾患的徵兆，亦即中毒嚴重化並
　　產生新的潰瘍病灶。最終由於嚴重中毒導致死亡。

　　　診斷結果：我認為伊比斯因膿毒病死亡。膿毒病一般會
　　在免疫反應低的人群中發生，其特點是具有初發感染的病
　　灶——耳朵或牙。從病灶產生重複性細菌血原性擴散，較常
　　見的是差不多對所有抗生素都有耐藥力的金黃色葡萄球菌，
　　而在 19 世紀根本還沒有抗生素。病況發展的特點是急劇惡

化，並無自發痊癒的趨勢。疾病發展過程可能很快也可能很長。由於細菌學在 19 世紀迅猛發展，膿毒病已開始和細菌因素連繫起來。但是，在當時沒有抗生素的條件下，大多情況的結果都是死亡。

2. 外科醫師彼·米·契格林斯基（聖彼得堡市）：

病歷分析：從布塔科夫海軍少將 1876 年 6 月 1／13 日的報告看來，伊比斯在呼吸道嚴重感染的同時併發牙髓炎（複雜化的齲齒）。之後，由於未能及時治療，又產生了上頜骨膜炎（在病牙地區骨膜發炎）。

炎症進一步發展為化膿性炎症，擴散到頜的骨組織——用現代術語應為上頜骨髓炎。

正如報告中指出的「在符拉迪沃斯托克醫院治療後，在頜的原地形成了瘻管」，也就是骨髓炎轉成了瘻管形態。

除上頜骨髓炎外，在報告中還指出不斷併發「左外耳道發炎，現在又變成了右外耳道卡他」，也就是說，病人患了雙面耳炎（耳朵發炎）。雖然沒有有關此種過程診斷的資料，但最常見的情況就是中耳發炎。

關於報告中提到的「寶石學癲癇發作」，在現代醫學中「出

血性熱」這個術語是包含一組有相似症狀，因病毒產生的疾病。目前有幾種疾病——黃熱病（剛果）、克里米亞熱、奧姆斯克熱、帶腎綜合症的熱、艾博拉熱，和很多其他的熱病都屬於出血性熱。

在報告中描述的病痛狀態，與身體對嚴重炎症的反應相符合。這就是伴隨著晝夜體溫急驟變化（早上升溫不超過 37.5°C 至 38.0°C，而晚上卻急速升高到 39°C 以上）——這就是未封頂化膿性疾病患者特有的所謂間歇性熱病。

從利沃諾市開出的醫師證明也可作為此種結論的間接證明：

> 屬於俄羅斯帝國海軍，目前確實在比薩的伊比斯・保羅先生患有支氣管—肺系統慢性炎症，同時伴隨有帶囈語的間歇性出血性熱，因此，在我們的氣候下，幾個月後他的健康狀況必然會惡化。[17]

> 診斷結論：考慮到伊比斯患有長期發展的多病灶炎症過程，這個過程源自上頜牙源性（齲齒引起的）骨髓炎、雙面中耳炎，伴隨明顯的中毒和廣泛的皮膚（潰瘍？）疾病的左肺炎，可能發展為導致死亡的膿毒病。

---

17 參閱彼羅奇醫師的證明。

伊比斯的悲慘命運雖然只是巧合，但當時不良的口腔衛生往往是各種有生命危險併發症的發病原因。這些併發症的產生機制是內源性感染。

如此一來，伊比斯早逝的祕密揭開了——他的致命疾病最終版診斷結果為膿毒病。它是在整體抵抗力下降的狀況下，併發急性呼吸道感冒的牙病引起。在 19 世紀，這種病還不可能以當時的醫療水準診斷出來，由於沒有抗生素也不可能有效治癒，因此很遺憾，伊比斯的死亡是注定的。

尋找埋葬地

在確定伊比斯的真實死因後，只剩下一道尚未解決的問題——他的埋葬地。看來，准尉的遺體沒有被送回俄羅斯，而是在俄羅斯駐利沃諾領事館的幫助下，葬於比薩當地非天主教的墓地。

2018 年冬天，筆者在比薩和利沃諾新教徒團體的布沙爾（Daniele Bouchard）牧師聯繫上。他告訴我：他所保存 19 世紀曾在比薩居住並死於當地的新教徒名單中，沒有伊比斯的名字。但是，布沙爾推測伊比斯可能被埋葬於比薩近郊，市政府的非天主教墓地。可惜這片不大的墓地早已關閉荒廢，它的檔案也被封存無法調閱。

筆者在 2018 年造訪比薩的墓地，約略看了保存下來為數不

多的墓碑，了解到在 1870 年代，這片墓地曾有過俄羅斯人的墳墓。在一塊破碎大理石碑上用俄文寫的碑文證明，有位 16 歲的俄國人就在伊比斯逝世前一年又三個月的 1876 年 1 月 16／28 日下葬。因此伊比斯極有可能在 1877 年 4 月葬於此墓地。

義大利比薩市非隸屬於天主教教會的墓園，劉宇衛攝影，2018 年。

　　顯然，關於伊比斯被埋葬的確切地點和日期應該記載在墓地的登記冊內——在利沃諾俄羅斯領事館的檔案內，以及終究會在准尉家屬的檔案中；可惜所有這些文件，學者們都遍尋不著，看來這些文件很可能早已遺失。如果上述文件尚在，使之重見天日，就可在關於伊比斯的最後安身處和他生命短暫旅程的疑問上劃下句號。

三、伊比斯與「美國人史蒂瑞」的民族學調查：比較性評述

　　為了「多了解一些歐洲人未曾到訪的土著部落」，伊比斯獨自從打狗徒步往南考察，接著往島嶼北部。儘管時間有限，且在福爾摩沙一路上阻礙重重，這位俄國海軍准尉仍確實深入在當時鮮有歐洲人涉足的區域。最終，他蒐集、整理並出版有關島上土著與移民的獨特民族學材料。不過，伊比斯並非首位在福爾摩沙島上進行「民族學之旅」的人。

　　1876 年，伊比斯在《海事文集》上發表文章幾個月後，新成立的《紐約美國地理學會雜誌》發行了第六卷本，其中包括該學會 1874 年工作的材料與年度報告。本卷載入自然學家約瑟夫・史蒂瑞（Joseph Beal Steere）1874 年寄來的報告：＜福爾摩沙＞[*Steere* 1876]。他曾在福爾摩沙島上待了半年（1873 年 10 月 3 日—1874 年 3 月 31 日），期間他為密西根大學蒐集一系列當地動植物的收藏品，以及民族學和語言學的材料。

自然學家約瑟夫・史蒂瑞。

　　由於伊比斯比史蒂瑞晚九個半月才到達臺灣，在島上又僅待了一個半月（比史蒂瑞少了四倍的時間！），因此可以合理地假設，他所蒐集的民族學材料，在數量上應較史蒂瑞來得少，也顯然更為次要，並在許多方面重複史蒂瑞的觀察與結論。

　　兩位探險家出於科學目的，而幾乎同時且各自獨立地展開艱苦的環島之旅。本章則對兩人的民族學研究工作之路線、田野材料、方法、過程與結果進行比較。[*Golovachev* 2019b; *Golovachev* 2019d, 73-84, 256-259]

（一）島嶼探險路線：巧合與差異

　　比較兩位探險家在福爾摩沙島內及環島移動路線，即可發現一些巧合和不小的差異。例如，伊比斯於 1875 年 1 月 9 日從香港到達南部的打狗港，史蒂瑞則在 1873 年 10 月 3 日從廈門搭汽船「海龍號」到北部的淡水港，[18]並在兩日後從淡水航行至打狗。在考察的六個月期間，史蒂瑞進行三次徒步旅行（包含到島嶼北部，從首府臺灣府到東部，以及從打狗到東部）、兩次從淡水到打狗的海上航行，以及近兩週的澎湖群島之旅。1874 年 4 月 1 日，他離開福爾摩沙島，從打狗駛向廈門。另一方面，完成

18　史蒂瑞在旅行手札中對這趟汽船航程有生動的描寫。

環島之旅後，伊比斯則於 1875 年 2 月 22 日（儒略曆）從基隆乘坐中國砲艦「福星號」到淡水，接著乘汽船「海龍號」到南部。2 月 24 日，在打狗停留數小時後，伊比斯隨即返回香港。其餘在島上的時間，他皆以徒步行動。

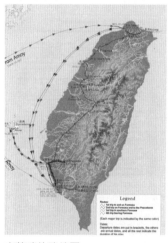

史蒂瑞的路線圖。

伊比斯的路線圖。

在福爾摩沙的旅途中，兩位探險家都各自造訪並描繪了一些對方因故未能前往的地點與區域。例如：伊比斯幾乎到達島嶼的最南端，甚至走到東海岸的某地；史蒂瑞則未前往太平洋岸，而是踏遍整個福爾摩沙南部，並拜訪了兩個坐落於中央山脈山腳下、位於打狗東邊到東南東邊的土著村落。

伊比斯從南端返回後，直接從打狗徒步走到北部；史蒂瑞則從打狗搭船，航行 50 公里到臺灣府，並自此經陸路徒步往北；

儘管在 1874 年 1 月時，史蒂瑞也兩度來回從打狗步行至臺灣府。

抵達島嶼中心後，史蒂瑞在山間之湖日月潭度過了五天（1873 年 10 月 18—23 日），隨後花了二十天（至 11 月 12 日）在今南投縣境內的周圍鄉村地區旅行。他在那裡蒐集了許多土著的材料，並大幅增添自身的動物和實物收藏。而十六個月後，走過島嶼地理中心的伊比斯也嘗試要造訪日月潭，可惜因時間不足，且缺少嚮導而未能成行：

> 我打算造訪水番部落，無奈因為漢人的怯懦而落空。雖然這個部落一點也不危險，我在嘉義和前往彰化的路上卻都沒能找到嚮導：因為必須從「傀儡」的領地旁經過，大家都怕會遇上他們。（……）要從大社到水番的領地很容易，那裡也有傳教據點，但來回的路程得耗費五天以上。我已經沒有那麼多空閒時間，得要加快腳步，才趕得上六、七天後從淡水航向大陸的汽船船班。[*Ibis* 1876-II, 132-134]

為了將蒐集到的實物藏品做適當處理（初步防腐、盤點等）、打包並寄送到海外，擁有充裕時間的史蒂瑞不止一次長時間在各地停留（近一個月在北部，以及超過一個半月在南部）。

根據史蒂瑞在島上的總體路線和移動時程 [*Steere* 2002,

208]，扣除在城市的停留時間以及兩週的澎湖之旅，史蒂瑞為蒐集田野材料而在島上旅行的時間不超過三個月。客觀來說，用於蒐集民族學材料的時間，僅不到一半。這與伊比斯一個半月馬不停蹄，且主要為了民族學勘查的旅程，可說不相上下。

（二）探險者探勘工作的目的與內容

　　儘管史蒂瑞的信件和文章未明言其遠赴福爾摩沙的目標，但大體而言，他是為了純粹的科學目標和使命，即：蒐集用於研究當地野生動植物和福爾摩沙土著的田野材料。造訪島嶼各地時，史蒂瑞製作了特有種鳥類和動物的標本，將爬蟲類動物泡入酒精，蒐集植物、昆蟲、鹽水和淡水魚、貝殼和珊瑚，然後從中編成收藏品，寄回家鄉美國。這項工作占用了史蒂瑞大量的時間、精力和資源，因此民族學探查就算是他的次要工作，或只在他兩項主要工作中排名第二罷了。

　　而作為軍人，伊比斯行程的目的理所當然為勘查日本出兵後的島上局勢，包含蒐集有關該島及其居民、港口、防禦工事、駐軍和大清海軍的一般和軍事消息。然而，除了對軍事設施的詳細描述外，伊比斯還在探險過程中投注大量心力於科學研究，這可在期刊《地球儀》（Globus）中的文章——〈在福爾摩沙：保羅‧伊比斯的民族學之旅〉標題中得到見證。一年前在《海事文

集》（*Maritime Digest*）發表的文章〈福爾摩沙之旅〉，伊比斯也宣稱民族學研究是行程的主要目的。[*Ibis* 1876-I, 111-112; *Ibis* 1877, 234]

　　基於擬訂好的總體目標（民族學材料的蒐集和研究），伊比斯勾勒出探險計畫，其中包括一系列明確制定的具體任務。[*Ibis* 1876-I, 111-112; *Ibis* 1877, 149]

　　伊比斯本人也承認，這項雄心勃勃的計畫伴隨著許多困難和極高的風險，包括：島上有害健康的「瘴癘之氣」和複雜地形、落後的道路和交通、短少的旅行時間、以「出草」習俗聞名的許多原住民部落的敵意，甚至是島上頻繁的地震。結果，所有不利的條件和限制迫使伊比斯大幅調整探險計畫。[*Ibis* 1876-I, 112]

　　在島上為時三個月純粹的田野工作中，史蒂瑞花在民族學研究的時間不足一半；而伊比斯幾乎貢獻所有時間用於民族學考察研究。因此，伊比斯蒐集的民族學材料規模未必遜於他的美國同行。要驗證這一說法，可以對伊比斯和史蒂瑞關於福爾摩沙的作品進行形式比較，以及對兩位學者在島上相同地點對福爾摩沙土著的幾次描寫進行內容比較。值得注意的是，伊比斯知道史蒂瑞曾來過福爾摩沙，因為他在文章中直接提到：「聽說兩年前來到這裡的美國人史蒂瑞，發現了許多新品種的動植物。」[*Ibis* 1876-I, 114; *Steere* 1874a] 然而，根據文中所言（「聽說」），伊比斯也是在福爾摩沙從消息人士——傳教士、商行、海關職員提圖希

金——聽來的情報。無論如何，伊比斯的文章並未透露他知曉美
國學者史蒂瑞的作品。

（三）史蒂瑞與伊比斯作品之比較

史蒂瑞一生中關於福爾摩沙的作品，包括他給密西根州《安
娜堡信使報》（*The Ann Arbor Courier*）的投書，以及在香港和
紐約唯二發表的文章。

1873 年 10 月 10 日至 1874 年 4 月 10 日期間，為《安娜堡
信使報》所寫的九篇投書，在 1874 年 4 至 6 月間刊載，文中僅
包含對福爾摩沙人（客家人、平地和山區原住民）及其外貌、衣
著、住所、經濟活動、信仰、風俗習慣等簡短零星的描述，它們
仍是一系列簡略的旅行筆記。[*Steere* 1874] 作為民族學文獻，這
些投書的學術價值有限。

1874 年，史蒂瑞在造訪福爾摩沙後，對蒐集到的資料進行
整理，並據此撰寫兩篇文章：第一篇發表於香港最悠久的雜誌
《中國評論》（*The China Review*），這篇非常簡短的文章（總
共 3.5 頁，包括 1.5 頁的土語詞彙表），幾乎逐字重現並刊載於
《紐約美國地理學會雜誌》的第二篇文章之開頭。如同那些投
書，這篇文章概略提及山地與平地原住民，其中包含對平地原住
民（平埔族）的簡略描寫。第一篇文章的創新之處，是史蒂瑞在

島上購買了二十多件 17 至 18 世紀的珍貴手稿，這些手稿是以拉丁字母拼寫的「新港文書」寫成，並列出了約 120 個基礎的平埔語單詞，且附有英文翻譯。[*Steere* 1874a]

184		THE CHINA REVIEW.		
English.	*Pepo-whan.*		*English.*	*Pepo-whan.*
Must	Malup		South	Tagatimu
1	Sasaat		East	Tagaja
2	Duha		West	Tagalaus
3	Turu		Red	Mai pang
4	Tahat		White	Mapuli
5	Turima		Yellow	Makutang
6	Tunum		Blue	Taburusung
7	Pitu		Black	Maidum
8	Pipa			
10	Kuda		The Continental sound of the vowels is	
Many	Keteng		used in this list, and all vowels are long,	
All	Mada		unless marked short.	
Few	Sasaan			
When	Akousai		J. B. STEERE,	
North	Tinang-kokana		*University of Michigan*	
	Tagama		*Ann Arbor, Michigan U.S.A.*	

史蒂瑞於《中國評論》所刊登文章的最後一頁。
資料來源：*The China Review.* Vol.3. 1874. No.3. p. 184

　　前文提及收錄於《紐約美國地理學會雜誌》的第二篇文章，則於 1876 年在該學會的會刊中問世，這只較伊比斯在《海事文集》刊登俄文文章稍晚數月——儘管前者事實上早在 1874 年就已寄至紐約。在長達 36 頁、同樣基於旅行手札而寫的報告中，史蒂瑞展示探險過程的資料，以及對福爾摩沙人（原住民和漢人）的詳細描述。文章還包括 3 幅描繪土著面部和手上紋身的圖畫、計 10 頁的五種南島語言（每種語言列出 100 多個單詞和幾個句子，但西拉雅語除外，對於後者僅列出三句簡短的句子），同菲律賓及馬來語言的六個詞彙比較表，以及一段臺灣中部某原住民族的歌謠譜記。

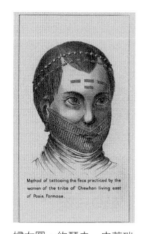

Method of tattooing the face practiced by the women of the tribe of Chewhan living east of Posia, Formosa.

婦女圖。約瑟夫・史蒂瑞繪，福爾摩沙。
資料來源：*Journal of the American Geographical Society of New York* 6 (1876) facing p. 307.

在 19 頁的文字中，文章詳細介紹了五個族群的外貌和生活方式：（1）島嶼中部和南部（崗仔林、萬金庄等村莊）的平埔族（平埔番 [Pepowhan]、西拉雅 [Siraya]）；（2）島嶼中部的熟番（Sek-whan、Lek-whan 或巴宰 [Paijek、Pazih]）；（3）日月潭的水番（Tsui-whan 或邵 [Thao]）；（4）現代南投縣境內的生番（Che-whan 或賽德克族）；（5）打狗東部山區的傀儡番（Kale-whan 或排灣族）。此外，史蒂瑞還對客家人作了簡短、概括的描述。

另一方面，伊比斯則在 1876 至 1877 年間發表了兩篇有關他福爾摩沙民族學之旅的長文。第一篇（69 頁，俄文，分為兩部分）的篇幅是史蒂瑞主要文章的兩倍，其文字部分則至少為三倍。相較於伊比斯第一篇文章純粹只有文字，1877 年發表的德文文章，則在島嶼的整體參考概況方面，對前一篇作了修改與擴充，並補充旅行過程一些新的重要細節、一張帶有旅行路線的地圖、11 幅精美的圖畫，以及各語言中 51 個詞彙的比較表，其中包含六個福爾摩沙「部落」語言與菲律賓他加祿語，並附上對應的德語詞彙列表。

　　如同史蒂瑞，伊比斯的研究聚焦於原住民，對漢人，包含客家人的描寫則相當粗略。史蒂瑞描述了五個原住民族，伊比斯則詳細記載島上南部和中部至少六個不同族[19]的七個「部落」。[20]

　　因此，與史蒂瑞相比，伊比斯在一個半月內蒐集並發表規模明顯更大的民族誌田野材料。至於敘述（內容、系統性、方法等）的品質，則可以透過具體比較伊比斯和史蒂瑞的紀錄進行評估，特別是針對相同研究地點和對象的紀錄。

　　我們對兩個原住民族的住所和外觀進行了平行比較：（1）島嶼南部「大社」村的排灣族（加走山、傀儡番）和（2）島嶼中部，彰化東北邊的「熟番」。

　　從以上比較可以看出，伊比斯和史蒂瑞出版的材料在規模、形式和內容上都相當具可比性，且恰能相互補充，以及客觀地相

---

19 Pilam、Saprek、Sabari、Katsuasan（加走山）、Bantaurang、Pepo（平埔）、熟番。

20 伊比斯寫道：他訪問了十三個「部落」，但這不大可能。在某些情況下，他顯然混淆了「部落」名與地名，而這可以輕易以拙劣的翻譯來解釋；在另外情況下，伊比斯則誤將普遍接受的漢語偽族名當成「部落」名稱。例如 Tсуй-уан（Tsui-whan）為「水番」的誤植；Сек-уан（Sek-whan）為漢語「熟番」的誤植；Пепо-уан（Pepo-whan）為漢語「平埔番」的誤植。後兩個群體包含各式各樣的部落與部族。伊比斯描寫的可能是五個「山地」部族的代表：排灣、阿美、魯凱、卑南（Toasia）、布農，以及一些平埔族村社。同時，他自己寫道，平埔族可能有不同的部落和種族血統。[*Golovachev* 2017, 108]

互驗證。這兩份獨立完成的作品中某些部分相似性極高，甚至字句重合（請參閱有關加走山傀儡番的住所和外貌，以及熟番的基督教化和兒童教育之描述）。這可以解釋為兩位學者皆明察秋毫，也許是因為伊比斯和史蒂瑞在相對短的時間間隔前後，都在同樣的地方、從同樣的消息人士（大清官吏、村長、西方傳教士、商人、海關人員等）口中，打聽到同樣的訊息。例如，兩位學者都在島嶼南部和中部與相同幾位傳教士（李庥、高賢明 [Federico Jimenez] 等）見面交流，也在北部的基隆港與任職大清海關主管的俄國國民提圖希金會面。

至於兩人的差異，則體現在伊比斯的文章中對於原住民的整體外貌及身材有更詳細的描述，例如：頭部的特徵（臉型、額頭、眼睛、鼻子、顴骨、嘴巴、耳朵、鬍鬚、頭髮、眉毛、面部表情等）、肩膀、胸廓、骨盆、皮膚，以及身體其他部位。伊比斯到各處進行人體測量和素描原住民外貌，顯然有助於他蒐集和記錄這些資料。而史蒂瑞過去未曾從事人體測量，也未畫過系列肖像畫（他主要文章中的三幅畫[21]在數量和質量上皆不如伊比斯在期刊《地球儀》文章中的十幾幅插圖），所以相關資料相當有限，甚至完全缺乏。另一方面，由於史蒂瑞有更多的時間在現場

21　史蒂瑞的另外兩幅繪畫（生番賽德克族的高腳住屋與糧倉）發表於 2002 年出版的史蒂瑞關於福爾摩沙的文集中。[*Steere* 2002,50]

觀察和蒐集、打聽消息，因此他在許多情況下對原住民（山地和平地）的生活環境作了更詳細的描述，甚至還寫下三首簡短的熟番歌謠的樂譜及其漢文歌詞。此外，為進行比較語言研究，史蒂瑞從五種語言中蒐集的基礎單詞數量比伊比斯多兩倍。然而，在發表詞彙表時，史蒂瑞避免推導出任何學術結論；伊比斯則大膽地比較和解釋了他的第一手材料，試圖將其與歐洲語言學家的當代理論和假設進行比較，甚至大膽地提出自身關於福爾摩沙諸語外來和島內擴展的時間及路徑之假設。[*Ibis* 1876-II, 140-141; *Golovachev* 2017, 103]

伊比斯不侷限於單純描述各原住民族群，而是試圖找出他們在人種和族群文化上的局部異同。在比較外貌、服飾、語言、行為、物質和精神文化、發展程度等方面的特徵後，他在福爾摩沙土著的島內遷徙可能路徑、親屬與文化關係、融合與同化等問題上提出自己的假設。伊比斯描述島上正在進行中的同化和文化移入的複雜過程，記錄原住民各異的漢化程度，並比較、評估他們對民間信仰和基督教的虔誠度。

從方法而論，在考察期間，伊比斯與史蒂瑞一樣，以個人觀察及消息探聽為主。在準備考察和撰寫文章期間，他積極參考文獻：新聞、海關統計數據、福爾摩沙歷史和語言相關書籍。伊比

維也納大學東方語言學教授弗雷德里克・馬克斯・繆勒。

斯在他的文章中提到了日本當地英文的報紙 The Rising Sun、[22]《海關公報》的數據，以及前美國駐廈門領事李仙得將軍的文章。關於 17 世紀時（1624—1662）荷蘭人在島上統治的略記，是他根據荷蘭書籍《被遺誤的福爾摩沙》（Verwaerloosde Formosa, 1675）而編寫。而語言問題的提出和研究，則根植於伊比斯提及：鑽研馬來—玻里尼西亞語言的維也納大學東方語言學教授弗雷德里克・馬克斯・繆勒的書籍。[23][Formosa 1675; Muller 1867; Golovachev 2017, 102-103; Ibis 1876-I, с. 115, 145; Ibis 1876-II, 123]

　　儘管史蒂瑞明顯在講述福爾摩沙島及其歷史的概況時參考了文獻，但不知為何，史蒂瑞並未引用參考文獻。[Steere 1876, 315-318] 僅在一處，也就是史蒂瑞抱怨野外定位的困難，以及測

22　Jun. 5, 1874. 英字諸新聞. 台湾事件関係記事切抜同封. 長崎英字紙 The Rising Sun. Vol. 1, No. 16. https://www.wul.waseda.ac.jp/kotenseki/html/i14/i14_c0971/index.html.

23　弗雷德里克・馬克斯・繆勒（Friedrich Max Müller, 1834-1898）：奧地利語言學家，提倡南亞和鄰近島嶼的原始民族移居太平洋南島地區的假說。他的主要著作為 Reise der öesterreichischen Fregatte Novara（維也納，1867、1868 年出版）中的〈語言學部〉和〈民族學部〉。

量單日行徑距離是件「苦差事」時，他寫道自己使用了隨身指南針與李仙得將軍的地圖。李仙得將軍的地圖在他親自觀測過的地方非常準確，但在其他根據中國人的資料所繪製的地方則難稱有用。另一方面，伊比斯則擁有現代的英文地圖——不是從他服役的護衛艦帶來倫敦印刷的導航地圖，就是他在香港買的其他地圖。[*Steere* 1876, 318-319; *Golovachev* 2017, 102]

　　史蒂瑞旅程的主要成就之一，可能是他在崗仔林村從西拉雅族人後裔手中拾得並買下上述提到的二十九份關於土地交易的私人契約手稿，手稿以拉丁字母拼寫的「新港文」[24]寫成。[*Murakami* 1933] 而這比日本學者村上直次郎於 1933 年出版著名的新港文手稿匯編「新港文書」還早六十年。儘管史蒂瑞的文章僅注明手稿的大致成書年代，而未描述其獲得手稿的地點與情況，但在 2002 年於臺北出版的史蒂瑞專著的手稿中，則載有相關訊息。[*Steere* 2002, c .x, xiv-xv, 192] 另外，史蒂瑞也未確認這些文件的性質和內容，因為在 20 世紀「新港文書」學者破譯之前，要閱讀這些文件難如登天。

　　整體來說，比較研究兩位學者的學術遺產，可以得出一個出乎意料、但有充分根據的結論：就運用特殊研究方法的連貫性和

---

24 新港文是以拉丁字母拼寫當地語言的文字，由歐洲宣教士在荷蘭統治臺灣期間（1624—1661）引入，目的是向原住民傳播基督教。

系統性、涉及的資料和文獻的範圍、完整性、訊息量、所獲取的民族學材料的清晰度和可靠性，乃至他們初始詮釋的程度而言，伊比斯的文章絕不亞於史蒂瑞文章的研究水準，在某些方面甚至明顯超越他。特別是，伊比斯這位俄羅斯准尉蒐集了更完整、更精確的田野訊息，參考了更多的書面資料和文獻，顯示出他偏好對經驗和理論資料進行兼具獨立性與系統性的整合，並在整合的基礎上提出宏觀的研究概括、結論與假設，其中一部分已被 20 至 21 世紀的學者證實。

這個結論不可避免地導引出一個問題：一位年輕、顯然與民族學無甚淵源的海軍准尉，何以能夠掌握專業的田野研究方法，然後將其應用到實踐中，且毫不遜色於年長（史蒂瑞長伊比斯十歲）、專業、在美國與亞馬遜地區有豐富民族學田野研究經驗的美國學者？或許，這是因為在前往島嶼探險之前，保羅・伊比斯手上就有某本可靠的科學研究方法教材。當然，這個假設還需要經過特別的驗證與研究。

四、伊比斯實地研究工作的工具、資料來源和方法

　　伊比斯是海軍軍人，在人類學方面沒有受過專業訓練，因此他自稱是業餘研究員。看來，他是在航行過程中，在福爾摩沙考察前和考察中，以及在整理野外資料準備發表時，用某種方法學到基本的實務和理論知識。伊比斯在完成其人類學研究中採用哪些資源（資訊來源、經費、工具、方法和知識）？一個和人類學毫無關係的海軍准尉，怎能得到符合所有 19 世紀「現代人類學科學的形式和要求」如此高水準的科學成果？且讓我們逐一進行檢視。

（一）「倒楣的彎腳規」和其他工具、資料來源和交流工具

　　伊比斯於 1875 年 1 月離開香港，帶著簡便的行李來到島上。行李中有個人物品、工具、武器和金錢。他還帶了一批香港熟人寫的「給了我很多有益的建議，熱情接待和對我的行動給予真誠同情的當地傳教士和貿易公司代理人」的介紹信。伊比斯攜帶用於野外工作的簡單工具，包括用於寫字和畫畫的本子、彎腳規（卡尺）、尺、地圖和指南針等。從伊比斯詳細描述人、地形

和事件的情況,使我們感到:他記錄了旅行日記。如果說只作一些工作紀錄是平淡無奇且單調的事,對地形、村莊、建築物和人像的即興作畫,往往引起福爾摩沙人較高且傾向正面的興趣。其中很多人看到伊比斯的巧妙圖畫,都很願意為他擺姿勢。

我們的畫家正在素描繪圖。
資料來源:*Illustrated London News*. Vol. 35 No. 995 (24 Sept 1859): 294.

　　只有伊比斯用鋼質的導航員用彎腳規量人身部位時,才經常引起極為負面的反應。這種奇怪的工具「彎腳規」往往使福爾摩沙人害怕。准尉以他固有的活潑和輕微的嘲諷筆調,描寫了他第一次在瑯嶠村遇到土著時使用彎腳規發生的事:

　　市集的廣場上，混雜的人群正忙碌著——高談闊論的漢人男女和持長刀、矛及火槍的半裸原住民，還有戴著鮮亮串珠、頭髮裡插著花朵的女子。「傀儡！」我的挑夫驚聲尖叫，指著野人，而我心裡則是歡欣悸動。這確實是福爾摩沙的原住民，是馬來人——我正是為了他們而來到這裡。

　　我一接近，原住民女子便四處逃散，躲入小屋，男人則躲在漢人背後。但我以三燒（中國的米酒）、火藥和各種小東西將他們漸漸吸引過來，於是得以記下一些他們語言的單詞，甚至還替兩、三個人畫了像，至於我決定要做的身體測量卻是怎麼也辦不成——我勉強量了一個人的頭，但我的鐵製彎腳規把他嚇壞了，他一脫身馬上就逃得不見蹤影。[*Ibis* 1876-I, 127-128]

　　過些時日，在前往島嶼南方一條人煙稀疏的危險道路上，再次發生了和「倒楣的」彎腳規有關的意外事件：

導航員用的彎腳規。

　　在距離楓港 4 里處，我突然遇見了數名快番部落的原住民——渾身髒汙，衣著邋遢，而且看起來非常可疑的年輕人。我的挑夫們認為，他們一定會朝我們開槍，所以立刻丟下行裝，拔腿就跑。我掏出手槍，堅決地威脅他們，才讓

他們停下，回到我身邊。野人們困惑地看著這一幕。我走向當中距離最近的一人，從他手中取來已經點燃的引火線，用來點著了我的香菸，這讓他們徹底倉皇失措。不過，我根本沒有心情開玩笑。他們骯髒、可憎的面孔完全無法令人信任，除此之外，他們也無從得知我是敵是友，更何況我與漢人——他們的死對頭——同行。但雙方的緊張漸漸緩和，尤其當我為了進一步展現我的友好，還讓我的香菸派上用場。結果，我畫了其中一人，甚至開始測量他，但倒楣的彎腳規又壞了好事。[*Ibis* 1876-I, 141–142]

為了完成測量任務，伊比斯想出一個特別狡猾的辦法。開始工作前，他首先在身邊放上禮物（伏特加、菸草、檳榔、火藥和其他討人喜歡的小東西），答應土著在安靜地忍受整個過程後送給他們。如果對方還有些動搖（這種情況不常發生，因為伏特加太有吸引力了），伊比斯就解釋說他是醫生，而醫生為了治病必須研究（測量）人們。一般這種方法能解決問題。開始時冒名的「醫生」用尺小心地量了手臂、腳、身體和頭部，在最後才拿出彎腳規來。有的土著在看到彎腳規時，甚至丟下答應給他們的伏特加和火藥而逃跑了。[*Ibis* 1877, 82]

伊比斯在島上旅行時使用了地圖，用來定位方位和描述地形

風景。這點可透過他經常指明村莊和土著部落居住地區的地理座標，以及有一次直接提起在英國的福爾摩沙地圖上，未標出島嶼南部但實際上存在著的河流來證實。[*Ibis* 1876-II, 128]

值得研究的問題是：在島上旅行時，伊比斯使用了哪幅地圖？正如在第一章中所述，看來是「阿斯科爾德號」護衛艦上成套工作導航地圖中的專業航海地圖。有趣的是，我們在俄羅斯國家海軍檔案館的收藏中，找到基於 1867 年的測繪和 1868、1870年，及後幾年增補的《福爾摩沙島和海峽地圖》（FORMOSA Id. & STRAIT. CHINA SEA）。[Russian State Naval Archive, 1331-7-1478] 藉由與伊比斯旅行紀錄初步比較，發現他所指明的村莊座標，某些山的英尺高度、其他細節，與這份地圖完全「相符」。幾乎在全部的旅程中，伊比斯在描述地區時詳細地讀取該地圖的注記和校對其地形測量，顯然伊比斯正是使用這幅地圖的早期版本。其中除了地貌，還標明主要村莊和各種不同的土著部落居住地區，這在很大程度上減輕了旅行的難度。

當然，在聖彼得堡的海軍學校受到的優良教育，也幫助了伊比斯完成他的使命。學校授予學員導航、天文學和自然地理、歷史、外語、「情景繪圖」和其他在考察和野外研究工作中非常有用的課程。

伊比斯閱讀亞洲英文報刊上關於島嶼的文章，以了解福爾摩沙的一般概況。他甚至還閱讀了荷據和明清統治時期的歷史記

載，以及維也納大學東方語言學教授馬克斯‧繆勒的著作。准尉經常看流行雜誌《美景觀覽》（俄文）和《地球儀》（德文），因為他在這些雜誌上發表文章，並有引用其中資料的必要。[*Globus* XXIII, No.15（1873）：247]

　　在談到旅行者的工具和方法時，必須特別指出他跟島上居民交流的方式。伊比斯 22 歲時已熟悉德文、愛沙尼亞文、俄文和英文。由於當時在福爾摩沙的外國人主要是以英文溝通（除他們外還有 2 名俄羅斯人、幾名德國人和西班牙人），所以伊比斯和當地居民的主要交流媒介是英文。在 1876 年的文章中，旅行者曾六次提到他的翻譯人。文中提及他的挑夫中有一人略通英文，可當翻譯；因為這名挑夫的語言知識明顯不足，伊比斯在關於射不力社一節中抱怨道：「以上便是我在語言不通、翻譯不大高明的情況之下，短時間內能夠獲得的所有資訊。」一般情況下，在和土著交流時，翻譯先把英文翻成中文，然後土著中的某一個人再把中文翻成本族語言。伊比斯在這種「雙重翻譯」的條件下蒐集了如此詳盡的訪查資料，我們只能對他的高度頑強、耐心和天才感到驚奇。有時為了彌補缺陷，甚至在完全沒有語言交流的條件下，伊比斯與土著用手勢和圖畫交流，和他們交換禮物，參加他們的聚餐和狩獵，或是僅僅聽他們的奏樂和歌唱、觀看舞蹈等節日慶典，並仔細地記錄下來，哪怕只是極細微的視覺觀察、聲音、氣味等等。

伊比斯是個善於溝通、性格開放，以及對福爾摩沙人富有同情心和態度真摯的人。因此，來臺之後，他很快就丟棄歐洲人中盛傳的對中國人的偏見和毫無根據的片面印象，包括「被扭曲的事實和膚淺的評論」：

> 此地的漢人，和在貿易口岸遇見的漢人截然不同。商港的漢人像是染上了「賺錢熱」的迷病，而有時歐洲人高傲的姿態更使漢人變得粗魯無禮，他們逮到機會便以扭曲的事例和膚淺的觀察更加醜化漢人惡劣的形象。在打狗，我曾經跟一位受人敬重、在中國居住已久的歐洲人聊起上海人、香港人的墮落。「是我們敗壞了他們——我們和我們的金錢。」他對我說。我並未相信他，後來卻也認同這樣犀利的評論，並且因為我對這裡的鄉下居民懷有偏見和疑心而感到慚愧。我到處受到誠摯的熱情招待，離開時，只能以禮物來回報他們的盛情——他們怎麼也不收錢財。我的行李總是公開放著，甚至外出幾天時也是如此，卻也不曾丟失東西。而這裡正是歐洲人尚未踏足的地方。[*Ibis* 1876 -I, 125]

雖然沒有好的譯者能幫伊比斯與福爾摩沙居民自由交流，他仍試圖直接進行民族語言的研究。透過一系列的追根究柢，他編寫了一本當地語言的小字典，並在字典的幫助下，把島上各種不

同土著民族語言中的各別字和菲律賓群島居民的語言進行比較。
伊比斯根據在《地球儀》雜誌上登載有 51 個單詞的比較表格，
作出關於福爾摩沙語言和他加祿語有許多共通處的結論。因此他
還對部分臺灣人和古代馬來亞——菲律賓人具有共同起源的假說
予以肯定：

Deutſch	Sabari, Bakurut etc.	Saprek	Pilám	Katzausán	Bantaurang	Sek-hwan	Tagala
Eins	tsitsni	itá	ismá	itá	tiká	itá	isná
Zwei	tusuák	tussá	lúa	tussá	lusá	dusá	dalúa
Drei. . . .	turú	tru	titá	trjú	turú	turú	tatló
Vier. . . .	spat	apat	pat	sipát	pátu	supát	appát
Fünf	rimá	rimá	rimá	rimá	limá	kasup	limá
Sechs	něm	oněm	něm	uněm	nénimo	kasúp-i-buda 1)	uněm
Sieben	pitú	pitjú	pitá	pitá	pitu	kasúp-i-dusa	pitú

1) Die Zahlenſcala der Sek-hwan geht nur bis fünf; für Hundert haben ſie aber ein eigenes Wort: hadtül; 12 heißt isidû-dusû, 13 isidû-turû u. ſ. w. 20 dusú-isit, 30 turú-isit u. ſ. w.

伊比斯在《地球儀》雜誌（*Globus* 31(1877): 234）上登載有 51 個單詞
的比較表格。

　　我比較了福爾摩沙方言和各種馬來語言的詞語，發現福爾
摩沙的語言與菲律賓群島的語言——尤其是他加祿方言——
最為類似。例如，在我挑選的 60 個他加祿詞語當中，僅有
16 個詞無法在福爾摩沙方言裡找到對應，而其餘 44 個詞的
詞根顯然相同，有的詞語甚至完全一致。其中又以加走山
人、萬斗籠人和卑南人的方言與他加祿語最為相近。[*Ibis*
1876-II, 140]

　　伊比斯的大膽假設不限於臺灣人的起源和他們從菲律賓進入福爾摩沙，以及他們是從島的南部向北進入；他更勇敢地提出這些遷移的可能時間是在「我們的紀元」（西元）最初世紀的看法。伊比斯的假設是以他加祿人和福爾摩沙土著在「發展程度」的區別來論證，同時他也指出，必須進一步透過語言學研究來檢驗這個假說：

　　　我由此推斷，福爾摩沙人是從菲律賓群島移居，更精確地說，是來自呂宋島的他加祿移民。

　　　這波遷徙應是發生在公元最初幾百年間。因為那時他加祿人開始與印度人往來，已有一定程度的發展，而在福爾摩沙並未見到這些痕跡。我認為，若針對福爾摩沙人語言的豐富詞彙和文法結構進行更詳盡的研究，將可以證明該遷移的時間。[*Ibis* 1876-II, 141]

　　雖然現代的人種學專家、古代語言學家和其他學者對古代移民的方向和時間看法分歧（其中很多人證實南島的居民來自臺灣，而非相反），伊比斯關於臺灣土著的語言和其他南島語言有緊密關係的見解是正確的，從語言學歷史的觀點出發仍是有意義的發現。到目前為止，伊比斯用於編制比較表格的基礎單詞清單（彙編）是從何而得的問題尚待釐清，它是否為准尉自己編制？

還是基於某些專業的樣板？像是民族學導引，或者波・帕拉斯編寫的《所有語言和方言比較字典》[*Pallas*, 1787] 等，成為 20 世紀編寫「斯瓦迪士核心詞列表」（Swadesh list）的雛形。伊比斯對現代語言學理論的通曉程度應給予特別的討論。從這方面的知識來看，並不止於他提到的馬克斯・繆勒的著作。甚至在繆勒的著作中就可能提到的尤利烏斯・克拉普羅特（Julius Klaprot, 1783–1834），或者威廉・馮・洪堡（Wilhelm von Humboldt, 1767–1835）以及其他 19 世紀初期著名語言學家的研究和理論。無論如何，不僅是伊比斯使用的比較——對比方法，還有一系列他的結論，在文字和精神上都和洪堡敘述的比較語言學原則很接近。伊比斯表達的民族語言學研究的目的，也和洪堡在有關馬來亞部族的著名文章中，提出要盡量接近「關於大量島嶼上許多民族和語言互動更正確的判斷」也很相似。[*Humboldt* 2000] 由是觀之，只有比較語言學專家才能給出這兩個問題的答案。

（二）伊比斯的實地研究和皇家俄羅斯地理學會的民族學工作細則

如上所述，伊比斯的文章在使用專業的方法、採用的資料和文獻來源、數量、完整性、所獲得的人類學材料，及其初步詮釋的連貫性和系統性方面，毫不亞於史蒂瑞文章的科學水準，在某

些情況下甚至還超過了他。這個結論自然地衍伸了進一步的問題：疏於人種學的海軍准尉，從何處、如何學到多種複雜的人種學方法，並在實踐中不亞於史蒂瑞的操作？[*Golovachev* 2019d, 92-99, 260-263]

在回答這個問題時，自然會推測伊比斯不是自發地掌握民族學，而是一開始就有某個專門的教學法教科書或是實用說明。根據這些參考文獻，他才能完成研究福爾摩沙原住民的民族學計畫。這樣的教科書最可能應該是在他的「手邊」，因為在海軍服役的領航員不可能長期離開艦船。長時間在汪洋大海中進行環球航行，完全離開一切岸上的書籍和研究中心的條件下，最可能的是它保存在「阿斯科爾德號」護衛艦的圖書館裡。但是這種假設需要進一步檢驗和證實。

尋求某種「萬能的」民族學工作細則以描述「異族人」的願望，使我們求助於俄羅斯民族學的歷史和俄國東方學。符拉迪沃斯托克的歷史學家索科洛夫（Vladimir N. Sokolov）在研究著名的俄羅斯學者和「軍事東方學家」阿爾謝尼耶夫（Vladimir K. Arseniev）的著作時，曾指出它們可能和「皇家俄羅斯地理學會」的民族學分

皇家俄羅斯地理學會民族學分會主席納捷日金。

會主席納捷日金[25]的著作有關。既然阿爾謝尼耶夫可以利用皇家
俄羅斯地理學會的「綱要」來研究 19 和 20 世紀邊緣時期烏蘇里
邊疆區的本土居民，自然就可以假設伊比斯也知道這些方法，完
全可以在 1875 年冬季的「福爾摩沙之旅」中加以使用。

眾所周知，納捷日金和他的同事小組編制的《皇家俄羅斯地
理學會之民族學綱要》於 1848 年出版，並於 1852 年以擴充的
《編制當地民族學描述綱要》的形式再版。[*Vaskul* 2012] 這兩個
計畫用於蒐集俄羅斯帝國有關俄羅斯居民和「異族人」資料的綱
要，是被建議給研究人員作為「應注意的問題的指示」。所有的
問題被分成六個專題：（1）關於外表；（2）關於語言；（3）
家庭生活；（4）社會生活特點；（5）智力、道德能力和教育；
（6）民間傳說和紀念碑。

除了一般課題，上述章節還包含更細緻的分項，以便規劃更
完善的敘述。例如第一部分（「關於外表」）在 1848 年和 1852
年的綱要中指示：「指明身高、身體各部位相稱程度、大多數人
的頭髮和眼睛顏色、健康／不健康程度；疾病、體力、敏捷度、
機靈度；偏向於從事某種事業、性格特徵（消沉、懶惰等）」。

1852 年更新的《民族學綱要》，擴充 1848 年的版本，並使

---

25 尼古拉・伊・納捷日金（Nikolay I. Nadezhdin, 1804–1856）：俄羅斯科學
家、評論家、哲學家、記者、民族學家、莫斯科大學教授。1848 年起，擔
任皇家俄羅斯地理學會的民族學分會主席。

其更有條理，更便於資訊蒐集的工作。例
如第三部分（「家庭生活」）的增加，並
分為下述分項：（1）住家；（2）衣服；
（3）食物；（4）習慣和儀典；（5）該
地最喜歡的事業；（6）民間歡樂（百姓
的節日，並盡可能詳細描述）；（7）生
活費用的估算。

納捷日金於 1852 年編寫
的《皇家俄羅斯地理學
會予堪察加考察隊的工
作細則彙編》書封。

　　總的來說，1852 年的《民族學綱要》
中的人體測量描述部分，和伊比斯文章中
對土著描述的格式特別相似。但是，伊比
斯的描述更細緻，因而產生了他使用某種看來也是皇家俄羅斯地
理學會編寫的另一本「具有更多細節的教科書」的推測。這本教
科書可能是納捷日金於 1852 年編寫的《皇家俄羅斯地理學會予
堪察加考察隊的工作細則彙編》（編按：以下簡稱《彙編》）中
民族學的部分。[*Svod* 1852, 17–30] 要檢驗這種假設，可透過
《彙編》及其民族學部分編寫原則的概述，及對此文件的內容和
伊比斯文章中的具體描述進行對比。

　　在介紹新發表的《彙編》時，編者就在其序言中告訴讀者關
於它的建議和實用性的用途：

　　　　所有的綱要完全不應成為考察隊成員必須遵循的指示，而

僅是需要時給予解釋的問題清單。在每個綱要的組成部分中應……有：a.已有資料的概述……；b. 指明考察隊應該注意的問題，和成功解決這些問題的最佳辦法。[Svod 1852, 15, §9]

從此寬廣的立場出發，民族學部分的編寫者解釋「本綱要的範圍採用民族學科學的範圍」，但還是特意給研究者不少詳盡的實用指示：「綱要的敘述本身中不僅沒有避開，相反地，特別是在某些特別值得注意的部分，給出了比較詳盡的說明。」[Svod 1852, 17]

這份工作細則引起「對組成民族學科學內涵的四種方面」的注意：（1）物質生活；（2）日常生活；（3）精神（品德）生活；（4）語言。同時，每一章節都包括一系列具體的項目和分項。譬如，在「物質生活」一節中，編寫者號召觀察者指明異族人的一般外觀、體型及身體各部位的特點（同時加以素描及「銀版照相」）；在「日常生活」一節中有住家、食品、衣服、日常和工業業務、男女分工等這樣的一些標題；「精神生活」一節中則解釋：

必然有人類高尚精神氣質的光輝，有智能和道德起源的閃現。從民族學的角度來看，越達不到所謂「文明」的基本水

準，越具有研究的重要性。應該在民族的風俗習慣中，主要在民族宗教信仰和儀式中尋找和發現這些。因此，在根據下述與此有關之主要的人民生活方面和事實敘述中，建議在這些方面特別注意。[*Svod* 1852, 25].

最後，在最末一節「語言」中，對未來的學者作出下述基礎建議：

> 對於將被研究的民族，為了在最基本和主要的民族學領域達到所期待的成就，最好引入一位語言學家，作為裝備考察隊的特派成員……否則考察隊成員最多只能盡可能**大量蒐集從人們口中偷聽到和記錄下來的具有不同程度準確性的單詞、短語和各種完整的民間語言之樣本；並且，不言而喻，必須附上每個語句、每個措辭的正確譯文，但是除去為了最準確地理解其直接意義外，不必有各種其他說明和解釋。**
> [*Svod* 1852, 30]（粗體字為劉宇衛所強調）

總之，整個民族學工作細則的目的，是讓研究人員了解現代民族科學的研究對象和工作方法，幫助他們組織和進行「完整的、系統的，盡可能符合現代民族科學觀點和要求的研究」。[*Svod* 1852, 17]

考慮到皇家俄羅斯地理學會在皇家庇護下運作和在全俄境內的落實項目，可以推論以第一部分「民族學工作細則」開頭的、1852 年出版的《堪察加考察隊的工作細則彙編》，是所有俄羅斯軍艦上必備的參考書。很可能伊比斯在其親愛的「阿斯科爾德號」護衛艦上，從克朗施塔特到遠東以及其後在太平洋上，幾乎一年的巡航時間可以安靜地研讀這本書。

（三）《皇家俄羅斯地理學會予堪察加考察隊的工作細則彙編》和伊比斯描述的比較

可以用平行對比文本的方法來考證《彙編》和伊比斯描述的卑南和射不力「部落」是否具有原生的關聯和其相似程度。這裡只挑選《彙編》基準點和伊比斯編寫對卑南人的外觀和射不力社的住房作比較：

表 1

《彙編》中的指示（1852）	伊比斯對福爾摩沙原住民描述的重點（1876）
總體外觀和體態： 體高、強壯度、「外觀大小」和身體各部相對稱度、儀態、總的身體顏色。 身體各部的特點： a. 頭部 頭骨大小和輪廓、面部一般表情，額、鼻、眼、眉、顴骨、唇、耳、頭髮、鬍鬚、下巴形狀。 b. 軀體（婦女） 盆骨組成和構造、肚子、胸，婦女乳部構造和組成、大小、形狀和頸部的其他特徵。	卑南人的外表： 中等身高、強壯的體格、肌肉發達、皮膚顏色為淺棕色。 a. 頭部 馬來人的頭部構成和臉型： 額、顴骨、下頜、眼、鼻、嘴、唇、耳、頭髮、鬍鬚、眉、整個面部表情。 b. 外觀和軀體（婦女） 中等身高、臉型、頸項短，對婦女說來肩部太高，胸乳和盆骨組成不錯。

《彙編》中的指示（1852）	伊比斯對福爾摩沙原住民描述的重點（1876）
住房（聚落的位置和種類）： 聚在一起或分開的單門獨戶房子，定居或遊蕩，聚落位置和布置方式。 a. 單獨住房構造： 位置和分配、內外裝飾所用材料、院內用品、家庭用具、取暖和照明方法。 b. 住家內部住戶安排： 何處用餐、何處做飯、何處睡覺等。	射不力人的村落和住房： 在山上，在楓港村的東北面 單獨住房構造： 村裡有位於小路旁相距 50 俄丈的 15 至 20 間茅舍。以竹子為基礎，上用秸稈蓋成，外面用竹竿連接固定。正面、屋頂、入口。屋內分成兩半：白天人們在光亮的前屋料理事務；晚上和一年中的寒冷時期，在黑暗的後屋坐著和睡覺。餐具、器皿和武器掛在牆上。住家茅舍附近有貯藏室和豬圈。家庭用具、睡覺用的蓆子、板凳、南瓜做的器皿。

　　從比較中可以看到，伊比斯對卑南和射不力的描述明顯和《彙編》相符。伊比斯對福爾摩沙南部和中部的其他五個「部

落」及客家的描述，也在不同程度上明顯地和《彙編》相近。

伊比斯於「阿斯科爾德號」在函館港停泊時（1874 年 8 月 4-21 日）編寫了一篇名為〈蝦夷人〉的文章，並在 1875 年 1 月 30 日刊載於《美景觀覽》雜誌上。文章中，對北海道島原住民的描述是又一個最完整和有說服力的證明。一目了然，其與《彙編》有最直接的關係。看來，這一長篇的撰寫對准尉來說是他本人進行民族學描述的首次經驗，因此他特別仔細地用工作細則校訂了自己的文本。下面列出《彙編》中三個章節的見解和伊比斯文章中對蝦夷人描述的主要觀點之比較：

表 2

《彙編》中的指示（1852 年）	伊比斯對蝦夷人描述的重點（1875 年）
I. 物質生活	
1. 外觀和體態： 身高、強壯度、「外觀大小」和身體各部相對稱度、儀態、總的身體顏色。	人漂亮，中等身高，具有發達肌肉的矮壯體格。身體顏色使人感到清新，更像高加索人種而不是蒙古人種。

《彙編》中的指示（1852 年）	伊比斯對蝦夷人描述的重點（1875 年）
2. 身體各部的特點： a. 頭部 頭骨大小和輪廓、面部一般表情，額、鼻、眼、眉、顴骨、唇、耳、頭髮、鬍鬚、下巴形狀。 b. 軀體 盆骨組成和構造、肚子、胸，婦女乳部構造和組成、大小、形狀和頸部的其他特徵。	a. 頭部 頭顱圓形，臉型正常，帶強勁但友善的表情。顴骨、額、鼻、唇、眼、頭髮和髮型、眉和鬍鬚。 b. 婦女外觀 很少漂亮的，臉型粗魯，鼻子扁平，外觀無精打采，沒有任何優雅和嬌媚，紋唇。
3. 生命力和體力發達程度： a. 靈活性、機靈度、身體肌肉力量。 b. 飲食過程，對烈度飲料和其他迷幻劑的興趣。 c. 生殖過程。 d. … e. 健康狀況。	a. 肌肉發達。 b. 喝一種葡萄酒，吸很不好的菸。 c. 成年後（約 20 歲），年輕人自己選妻子。 d. … e. 活得不長，很少能活到 60 歲。

《彙編》中的指示（1852 年）	伊比斯對蝦夷人描述的重點（1875 年）
II. 日常生活	
1. 住家（聚落的位置和種類）：聚在一起或分開的單門獨戶房子，定居或遊蕩，聚落位置和安排方式。 a. 單獨住房構造：位置和分配、內外裝飾所用材料、院內用品、家庭用具、取暖和照明方法、住家。 b. 內部住戶安排：何處用餐、何處做飯、何處睡覺等。	住在村莊裡，不到 40 至 50 間茅屋。人們不完全定居，由於地區不健康，基於狩獵和捕魚的需求，他們往往被迫整個村社搬遷。 住在茅屋裡，材料、房頂、門戶、窗。 爐灶（在茅屋內做飯）、煙囪、室內裝飾（熊皮和不多的器皿、日本的家庭餐具）、離住家不遠處建有貯藏室、貯藏室的結構。
2. 食物：描述使用的各種食材、做食物和飲料的方法、特別喜歡的食物和飲料，是否有食品材料貯備、具體哪些食品材料、如何貯存並保存下來。	食物包括魚、鹿肉、海帶和大米，喝一種葡萄酒。 住房附近建有儲藏室，室內放著所有鹿肉、大米、魚、獸皮等儲藏品。

《彙編》中的指示（1852 年）	伊比斯對蝦夷人描述的重點（1875 年）
3. 衣服： 詳盡描述各種冬季和夏季，日常和華麗的男女服裝。 民間喜好穿戴表現在何處？男人和女人；女人間又分大媽和姑娘？ 這裡有關於民間對整齊和清潔的綜觀。	〔詳細描述〕外衣（長袍）類型、布料、裁剪和縫製、圖案裝飾。夏季和冬季鞋，帽子（頭巾）。 首飾：男人和女人的大耳環、婦女的項鍊。沒有梳子或頭刷，整潔不是他們的美德。
4. 日常和工業業務： a. 男女之間的工作分配： 他們各自都做什麼，男女共同又做什麼？ b. 一年中不同季節工作分配： 夏季和冬季，春季和秋季各做什麼？盡可能詳盡和完整地描述每一種日常業務和工業業務；如果有的話，指明在工作中使用何種工具、器具，特殊的方法和程序等。	妻子幫助丈夫捕魚，但一般在家做較輕鬆的工作。 a. 主要業務： 捕魚和狩獵（獵捕熊、鹿、狐狸），只有少數人種地。 b. 工具： 武器（刀、弓、箭、火石槍），帶槳的小舟（用獨木做成），魚網（做得很結實）。用魚和獸皮以物易物的形式和日本人貿易。不知錢是什麼，只珍視做耳環的白銀。

《彙編》中的指示（1852 年）	伊比斯對蝦夷人描述的重點（1875 年）
III. 精神生活	
有沒有人類高尚精神氣質的光輝，智力和道德起源的閃現。從民族學的角度來看，越達不到所謂「文明」的基本水準，越具有研究的重要性。應該在民族的風俗習慣中，主要在民族宗教信仰和儀式中尋找和發現這些。建議在這些方面特別注意，同時採用下述主要與此有關的人民生活方面和事實清單： 1. **宗教**：對上帝的認識、各種民間的迷信，祈禱儀式的地點、時間、參加的人、儀式；婚禮和喪葬儀式。	1. 既沒有固定的上帝，也沒有牧師和教堂。神聖的動物是熊。非常迷信，相信邪鬼，但沒有犧牲品進貢。最喜愛的節日是熊節。 2. 智能發育很差，主要的性格特徵是和氣、誠實、適度和平靜，友好相處、熱情、殷勤；沒有藝術和文字，文字用結扣和在棍棒上砍印代替，沒有樂器。

《彙編》中的指示（1852 年）	伊比斯對蝦夷人描述的重點（1875 年）
2. 個人的人性精神發育、智能發達程度：好奇心、理解能力、想像力、創造力、精神發達程度、接受優雅事物的能力。 3. 大眾化特徵、家庭組合：丈夫與妻子的關係、家族和群體關係、群體利益和對財產的認知、對外族和外地人的態度。 4. 接受文明能力：土著中傳播基督教的程度。	3. 對婦女好，看來沒有一夫多妻制。每個村落選出村長，村民和平友好相處，有困難時相互幫助。很多共用財產（例如：馬群）。生活和教育很簡單。娶妻和結婚、喪葬。認為世界上只有三個民族：他們自己、日本人和其他所有人。 4. 隨著和日本人文化的接觸，這些（好的）素質開始變壞。……就像沒有了夏威夷人和堪察加人一樣，這樣的自然界驕子忍受不了文明。

　　上述比較是初步代表性擇樣，應繼續進行更完整的研究。但就這些比較，即足以有力地證明伊比斯不僅知道《彙編》，在他編寫自己的描述時，也盡量仔細地遵循其每一章節和條款——一般都保持原有順序，甚至經常重複該文件中的語彙。在去福爾摩

沙前幾個月所撰寫的〈蝦夷人〉文章，成為他的「試筆」，對伊
比斯研究福爾摩沙土著而言，是很重要的實際經驗。

　　上述篇幅所引皇家俄羅斯地理學會的民族學工作細則和伊比
斯的文本在結構、形式和內容上之比較，有力地證明它們之間的
內在聯繫。顯然，除了伊比斯個人傑出的素質和良好教育外，認
知到 19 世紀科學實存的問題和 1852 年版《彙編》中的專門方
法，成為確保他「民族學之旅」成功的關鍵因素。正是對《彙
編》的認知，使年輕的海軍准尉先是在北海道島上停留，以及在
「福爾摩沙之旅」時，成功地把「細則」的操作建議應用於實地
調查，而後用俄文和德文發表了三篇長文（一篇論述蝦夷人，兩
篇關於福爾摩沙）。這些文章在 19 世紀符合一切「現代民族科
學觀點和要求」，其科學研究水準不亞於專業學者史蒂瑞的文
章，且時至今日仍未失去科學價值和實用性。

五、人類學研究方法在描寫福爾摩沙人上的應用

伊比斯明確地確立自身在民族學研究的理論和實務經驗的目標及任務。與此同時，他成功掌握並善用各種民族學的田野研究方法，包括針對可取得的書面資料之研究，蒐集當地居民、官員和外國居民的消息情報，以及用筆記和圖畫記錄個人觀察結果。

儘管伊比斯宣稱主要研究目標是土著部落，但他的文章主題更加廣泛，包含島上所有主要族群的歷史及民族學研究：漢人（包括客家人）、已漢化的「平埔族」和不同原住民族組成的各獨立山地部落。伊比斯對於每個族群的描寫以及對他們進行初步比較的嘗試，都值得專題探究。我們暫且將這項任務留待未來的歷史學家和民族學家處理。在本章中，我們將僅援引一些重點性的描述，以說明這位俄國學者的研究方法和結果。

（一）對於漢人、客家人及已漢化「平埔族」的描寫

伊比斯的旅行筆記，明顯反映出他與（占福爾摩沙人口比例最多）漢人的日常交流。這些筆記以生動活潑、充滿同情心，時又略帶諷刺的方式提及島上的官員和樸實的居民，也描寫到漢人

的城鎮和鄉村、民間節日（農曆新
年、喜慶等）、宗教信仰及風俗習
慣。大體上，伊比斯高度讚賞福爾
摩沙漢人的良好人格素養，並將其
與「通商口岸」那些受歐洲人負面
影響而腐化的漢人大作比較：

WELCOME BY AN OLD CHINESE FRIEND.

迎客的中國老先生。
資料來源：*Illustr Lond News* Vol.
96 No. 2659 (5 April 1890) p.436.

　　我想在竹仔腳過夜，那裡
是醫療宣教團最南的站點。
（……）這裡的人似乎也比城
市裡的人更滿足、幸福且歡
快。在這裡，見不到使人震驚
的貧窮與困頓，也不會受到無
賴和粗魯冒犯，誠實和好客會留下最美好的回憶。此地的漢
人，和在貿易口岸遇見的漢人截然不同。商港的漢人像是染
上了「賺錢熱」的迷病，而有時歐洲人高傲的姿態更使漢人
變得粗魯無禮，他們逮到機會便以扭曲的事例和膚淺的觀察
更加醜化漢人惡劣的形象。在打狗，我曾經跟一位受人敬
重、在中國居住已久的歐洲人聊起上海人、香港人的墮落。
「是我們敗壞了他們——我們和我們的金錢。」他對我說。
我並未相信他，後來卻也認同這樣犀利的評論，並且因為我

對這裡的鄉下居民懷有偏見和疑心而感到慚愧。我到處受到誠摯熱情的招待，離開時，只能以禮物回報他們的盛情——他們怎麼也不收錢財。我的行李總是公開放著，甚至出外幾天時也是如此，倒也不曾丟失東西。而這裡正是歐洲人尚未踏足的地方。[*Ibis* 1876-I, 124-125]

伊比斯是這樣描述 1875 年 2 月 7 日（農曆正月初一）的傳統民間春節慶祝活動的：

我離開臺灣府，出發往東，前往位於直線距離 32 里外、坐落在中央山脈山腳下的六龜里村落。……[14－16 日]沿途到處都還在慶祝新年。我們常常遇到又奏樂又歌唱的遊街隊伍，鮮明而生動。人們打扮得喜氣洋洋，在田地裡漫步，或到祖先的墳上坐坐。晚上廟前燃放鞭炮，廟裡則是人來人往，有的說話，有的抽菸、嚼檳榔——販售水果和點心的地方也賣檳榔。在此地，寺廟似乎取代了俱樂部：偶爾將人們集合起來，在勞動之後互相娛樂，使大家團結一心——這便是廟宇的主要功用。遊街和節慶在很大程度上具有民間社會意義，花費是向人民徵收而來，沒有宗教的區別。[*Ibis* 1876-II, 127]

廟會。
資料來源：*Illustrated London News*. Vol. 35 No. 1001 (5 Nov 1859): 443.

　　有一段關於在島嶼南部的東港村參加基督教夜間禮拜的簡短段落甚是有趣，期間伊比斯敏銳注意到並幽默地描述漢人的宗教實用主義：

　　　　夜裡，在此地的小教堂舉行了禮拜，基督徒幾乎全都齊聚
　　一堂，大約有 80 人，由一位年紀輕輕的漢人主持。從他生
　　動活潑的動作看來，他宣道自如、有理。不過，我對禮拜
　　的整體印象完全不如預期，不得不強烈質疑漢人基督徒的
　　虔誠。該俯伏敬拜的時候，他們會先將草枕丟在地上，然

後俯伏敬拜。唱頌歌的時候，他們唱得震耳欲聾，但聽講時又打哈欠又打瞌睡。他們的歌唱得沒有半點旋律，尤其令人反感。原來我的廚子也改信了基督教，他出席禮拜，別人做什麼，他就跟著做什麼，看著書、歌唱，聽講時也跟其他人一起打哈欠。後來我們開心坦誠地聊天時，我問他為何改信基督教，得到這樣直率的解釋：「那還用說！」他說，「基督徒過得很好，有難的時候，其他的基督徒會幫助他；生病了，醫生給他藥，在醫院裡免費治療他。除此之外，死了以後還有無上的幸福和永生呢！」[*Ibis* 1876-I, 123-124]

關於住在島上的客家人士，1876 年的文章當中有簡短提及，但描述得精練精確：

　　這些山地的東部有平埔族居住，而西部主要為漢人──在他們之中，我看見一些人有大而直的眼睛、大鬍子和近似印度日耳曼人種的面部特徵，但他們的膚色比一般的漢人深。他們被稱為客家人，其起源看來尚不確定。有人說，他們是漢化了的吉普賽人；也有人說，他們是中國南部山區的原住民，自古便遷居福爾摩沙。客家女子不纏足。[*Ibis* 1876-II, 131-132]

在 1877 年的德文文章中，伊比斯納入對客家人更充分詳盡的描寫。當中，他記錄了客家男女的身體外表、居住地、生活和經濟活動。這段描寫顯然完全呼應皇家俄羅斯地理學會的考察工作細則：

> 只是他們已經完全漢化，甚至忘卻原有的母語，也完全不知道自己的真正來源。……他們的皮膚比一般漢人黑，肌肉也較發達。臉呈卵圓形，頭額高，鼻直而扁平，但扁平得恰當，嘴唇生動但不厚，嘴巴不大，眉毛和睫毛都粗濃，鬍髭濃密，20 來歲的小伙子就已經蓄有頗富威嚴的鬍髭。不過，他們倒是把下巴的鬍毛刮得乾乾淨淨。他們的表情生動，善解人意，可是舉止間又似有印度人的莊嚴和安詳。Khakka（客家）女人長得比一般漢人好看、漂亮，身材具有相當於男人的勻稱，她們不纏足。這裡的客家人沒有村落，而是散居山區的安宅，他們種作小農地，但主要的生計好像是畜牧，因為我見到他們有成群的牛羊。他們會帶著羊毛、樟腦和靛藍染料到市集販賣。就客家人，我所能說的訊息到此為止。[*Ibis* 1877, 216]

除了描寫漢人、客家人和「生番」，伊比斯根據自身觀察和探問蒐集來的消息，在旅行筆記中畫下一幅當時已高度漢化（涵

平埔族的母親與小孩，1875 年。
資料來源：Thomson 1875: 224.

化）的平地原住民——「平埔族」的總括式肖像。同時，伊比斯特別附帶說明，平埔族可能是不同平地部落的後裔，不過他並未著手深究這個問題：

今日平埔番的活動區域大約 40 餘英里（自萬金庄至嘉義），他們大概是源自幾個各自獨立的部落，但因為接受漢人文明並且相互交融，特徵已經消弭不見。可以假設，他們有一部分漢人的血統。和其他山地人相比，平埔人的膚色較淡，他們的身形也較高，但不那麼壯碩，臉部輪廓也比較柔和。

他們幾乎全都接受了孔子的學說、中國的文化和服裝，只在女子的服飾中仍然保留了些許特徵（大片的纏頭巾、短上衣和大塊的黑色布巾）。但這些特徵只限於山區——舉例來說，在萬金庄，除了以紅帶束髮的風俗之外，其餘皆為中式。

根據傳教士的說法，平埔人個性良善，愛好和平。[*Ibis* 1876-II, 131-132, 230]

平埔族的少年和婦女。
資料來源：Ibis, Paul. Auf Formosa Ethnographische Wanderungen.
Globus 31 (1877): 232.

在第九章，伊比斯記錄下平埔族宗教信仰和儀式的重要見證。他提供的訊息同樣在許多方面都明顯呼應了《彙編》的相關論點：

當天夜裡我抵達頭社——一個完全隱藏在竹林和檳榔園間的大村莊。這裡居住著平埔番，其中有幾位基督徒，是長老教派信徒，其餘的人仍然信奉偶像，崇拜古老的鹿頭骨和鹿角。在福爾摩沙，我僅在此地見到原住民類似寺廟的場所和某些宗教儀式。

一座平埔族的祭壇。
資料來源：Ibis, Paul. Auf Formosa Ethnographische
Wanderungen. *Globus* 31 (1877): 231

　　在頭社，有兩間小屋作為此用。其中一間就位在村裡，後
方牆壁上掛有鹿角，兩側對稱置有兩支鐵矛和幾副鹿頭骨，
上面掛滿彩色的石頭。據說這些法物已有三百多年的歷史。
法物的前方是供品：有裝水的小罐、盛三燒的小玻璃杯子
和一束束檳榔。另一處位在村莊後方，在四面敞開的棚屋中
央，頭骨就綁在柱子上。

　　每一個平埔人每月都要向這些頭骨獻祭兩次。在進入公廨
之前，要摘下纏頭巾。婚禮當天，新郎會偕同新娘來到頭骨
前，嘴裡含著白酒，噴灑在頭骨上，然後才是舞蹈和宴席。
有孩子出生、親人死亡或遭逢災厄時，他們也會這麼做。這
便是所有的宗教儀式。他們並沒有祭司。[*Ibis* 1876-II, 131]

提及平埔族，伊比斯還寫到，他聽過他們的「馬來語歌曲」，但僅剩長者能夠理解歌謠的涵義。根據翻譯粗劣的解釋，這些歌謠歌頌的是「日月的光彩、花草、森林、廣闊的天地，以及他們偉大部落頭目的功勳」。[Ibis 1877, 231]

職是之故，伊比斯乃依照皇家俄羅斯地理學會的工作細則，以及對西方的科學及流行刊物加以研究，而在 1877 年描寫漢人、客家人和平埔族的文章，進行根本性的修正、擴充，並增添細節。

（二）對於未漢化福爾摩沙土著的描寫

如前所述，准尉伊比斯在整個「民族學之旅」的過程，將主要注意力集中在原住民身上。伊比斯在描述他遇到的土著部落和部族代表時所遵循的主要敘述順序，清楚反映在他俄文文章第一部分的第四章摘要中。從摘要可以看出，對射不力部落的描寫，與卑南部落一樣，皆清楚呼應了《彙編》所指示的論點：「射不力部落：外貌、性格與服飾——聚落與房屋——射不力人的工作、智力發展、風俗和社會結構——貿易。」[Ibis 1876-I, 131]

遵循皇家俄羅斯地理學會的考察工作細則，伊比斯仔細地記錄福爾摩沙土著的種族特徵，如他們的體格、外表、年齡與性徵

（男人和女人、青年、成年人、兒童和老人）。他細膩地觀察到
福爾摩沙人的社會分化（頭目、戰士、普通部落村民）、女人的
地位和行為、福爾摩沙人的生理、智能、心理特徵、性格及風
俗，描寫他們的習俗和傳統、生活條件（自然和地景、村落平面
規劃、住所和廟宇的構造）、日常生活（住所擺設、飲食）及日
常經濟活動（糧食生產、貿易等），並評估他們的社會經濟和文
化發展水準，乃至島上各族群關係的特徵。

在描述福爾摩沙人的外表時，伊比斯以令人驚豔的系統性，
注意到他們的種族特徵（膚色、頭髮、面部和頭骨的類型）、身
高和身體組成（頭部、手臂、腿、肌肉、身體部位的比例等）、
紋身、服裝和裝飾，捕捉他們的行為特徵，並評價他們外貌的吸
引力，以及文化和智能發展程度。這可見於伊比斯對卑南部落人
（屬於卑南族的普悠瑪部落）的描寫：

卑南人身材中等，體格強壯，肌肉發達。膚色呈淡古銅
色。他們的頭形和臉孔像是馬來人：前額平直、不高，顴骨
突出，下顎特別寬。兩眼平直，相當深邃但略窄，是不太
純的褐色，眼神生動。鼻子寬而稍扁，偶有小隆起，鼻孔微
翹。嘴巴寬大，唇豐厚但好看，而且輪廓鮮明。耳朵本身
不大，但耳垂因為穿入直徑大多超過 1 寸的圓形瓷片而被撐
得非常大。髮色黑中帶褐，直而粗。鬍鬚十分稀疏。眉毛漂

亮，但大多不濃密。整體的面相看起來沉靜、嚴肅，常若有
所思，甚至顯得陰沉。女人亦同，相較之下是中等身材，但
不漂亮，臉部特徵很不勻稱，頸項短，肩膀對女子而言又太
高，不過胸、臀的形狀倒是不錯。[Ibis 1876-I, 128–129]

接著伊比斯繼續對卑南族男人、長者和女人的衣著、髮型和
裝飾品進行同樣詳細的描寫，而他的田野筆記和素描圖可能對於
上述的紀錄起了作用。就細膩程度而言，以下這段對於射不力部
落首領外表的描寫尤為出色：

主人親自在門口等候我們，穿著大概是整套的禮服。他身
上有兩件呢料短外衣——裡面是紅色的，滾黃邊；外面的為
藍色，帶紅色的袖口和前襟，前襟上繡有同樣顏色的花紋，
還有幾排日本 10 分錢銀幣。他沒有穿褲子，而是圍著兩條
有各色邊飾的黑色圍裙，長度只及他晒得黝黑的大腿的一
半。脖子上有大大小小的串珠，頭髮以絲帶、串珠、小鈴鐺
和我送給他的鍊子裝飾。手上有手環，耳朵上大片的圓形玻
璃鏡閃閃發亮。[Ibis 1876-I, 135]

而就連貫性、細膩度和準確度而言，伊比斯對原住民女性外
表和服飾的描寫，如以下這段對卑南族女性的描繪，亦毫不遜色：

　　至於刺青，不論是卑南族，或在更南的部落裡，我都未曾
看見。我在此地所見的女人全都穿得像是漢人，身著寬鬆的
白長褲和短袖藍上衣，上衣兩邊有開衩。頭髮梳得平整，繫
在腦後，以一道道紅帶子和纏繞整頭的黃色大串珠裝飾。有
些女人的手上戴著約十條細金屬環，或者更多，手指上有許
多戒指。[*Ibis* 1876-I, 129]

福爾摩沙的獵人。
資料來源：Thomson, J. *Voyage en Chine.*
Formose. Notes by A. Talandier. *Le Tour du*
Monde (1875): 236.

　　身為年輕男子，伊比斯
在描寫女性時，數度未表現
矜持，而逾越嚴格的學術工
作細則。他相當自然注意到
原住民女性的缺點，還有所
有她們天生的優點。以下列
舉幾段伊比斯准尉在見證島
上原住民女性的「雅緻品
味」，及其「與生俱來的迷
人風采」後，所記下最生動
感性的描述：

女人也不難看，眼睛大且動人。她們身材中等，但有些太過豐滿。膚色為淡銅色。（……）

女人之中有許多名副其實的美人，眼睛深色，目光炯炯有神，一頭秀髮。相較其他部族，萬斗籠人的臉形更為橢圓，鼻子和嘴巴的輪廓更端正，顴骨不太凸出。[*Ibis* 1876-II, 120, 129]

他〔射不力社頭目〕的妻子和美麗的女兒們也都盛裝打扮，尤其後者。漢人女人笨拙難看的衣裳經過改良，穿在她們身上十分靈巧，絕妙地勾勒出她們豐腴的身形。她們的頭髮輕輕綁在腦後，纏著帶有條紋的窄巾，美麗動人。從顏色選擇和裝飾之適中有度可以看出細緻的品味，證明她們能夠打扮得美麗而簡單，不隱藏也不減損任何一分天生的美麗：除了白瓷耳飾和金屬手環，她們沒有穿戴其他飾品。（……）

這個部落的女人身材曼妙，當中不乏面貌姣好者。她們的模樣歡樂、淘氣，眼神調皮，在服裝和一切動作中展露出質樸的媚態，由此可知她們相當清楚自己的優點，而且對自己的價值了然於心。不過，她們的處境一點也不輕鬆──她們包辦一切家務，在菜園裡耕種，還要照料孩子，而男人只從事狩獵和買賣。但男人們也溫柔地對待她們，不像在野蠻

或半野蠻的社會中，男人往往將女人當成奴隸。[*Ibis* 1876-I, 133-138]

伊比斯並不單單將注意力集中於女性身上；身為軍人，他自然也對原住民的原始冷兵器和火繩槍加以描寫。此外，他更記錄下他們對死亡（埋葬的傳統）和飲酒的態度：

卑南族的武器包括 2 尺長的木柄直刀、約 10 尺長的竹竿附以 6 或 9 寸利刃製成的矛、以堅韌木頭製成簡單的弓配上皮製的弓弦和鐵箭頭（無毒）的竹箭，還有火繩槍。火繩槍的槍身長 4 尺，槍托只有 1 尺。彈藥是中國粗火藥混以錫塊，裝填於竹彈筒中。彈藥筒裝在網袋裡，背在身後。火繩纏繞在身上，而裝火藥池用的細火藥的小角器則掛在頸部。除了弓，這些武器都是向漢人購得，而當地漢人的武裝亦是相同。[*Ibis* 1876-I, 130]

根據很了解他們〔加走山〕的平埔人的說法，他們並不凶惡，但是貪婪，喝醉了更是狂暴而危險。[*Ibis* 1876-II, 120]

這個部族〔萬金庄〕在許多方面都和加走山人類似：房屋、武器、食物等皆與後者完全相同。發展程度也並不比較

高。只有這個民族有將亡者埋葬於屋內的風俗。酗酒的狀況也與加走山人相當。至少我在六龜里沒有見到任何清醒未醉的人。[Ibis 1876-II, 129-130]

伊比斯不受限於人為的學術規範及社會偏見，他孜孜不倦勾勒的不只是島民的缺點，也有他們的優點。在自身文章中，他多次對福爾摩沙人的純樸（包含漢人和原住民）與善良性情給出最正面的評價。在比較原住民各族時，伊比斯誠摯地表現出個人對排灣族射不力部落的好感：

在福爾摩沙遇見的所有部落之中，我最喜歡射不力部落。他們善良而單純，性格老實且誠懇。他們的需求不多，只要輕鬆工作，或部分仰賴大自然，就能滿足，所以生活過得自由自在、無憂無慮，看來十分幸福，而且對現狀非常滿意。這樣的知足和其他良善的特質一同反映在他們誠懇的外貌，展現出一種魅力。那種魅力有時會讓我們喜歡他人、信賴他人——雖然他們的外貌或許不太好看。不過，射不力人也不能說是不好看。他們的確矮小，但身材不錯。大部分人臉上的特徵大而不勻稱，但平和、明理、沉著的表情使他們看起來更顯高貴。膚色深，不過是乾淨的銅色。他們穿著整潔、漂亮，偏好明亮的顏色，特別是黃與紅——似乎是整個馬來

民族最喜愛的顏色。他們對頭飾特別用心，豐富而多樣，頭髮大多是稍微修剪，以窄巾、細繩、黃色串珠或黃花編成的花圈和鍊子收束。他們看起來相當喜愛自己的武器——他們的槍總是仔細清理乾淨，刀柄、刀鞘和箭袋做得相當有品味，總是以粗獷的中式紋樣裝飾。[*Ibis* 1876-I, 137-138]

在描寫原住民村莊的住所時，伊比斯不時會提及其位置、外觀、建築材料、結構、室內布置和陳設、起居與庭院空間的用途、保暖、採光等細節。比方說，伊比斯指出，射不力部落的排灣族人住屋是用竹子和稻草建造的；加走山部落的住屋則以石板（黑色的層狀石頭）所建：

　　射不力社有 15 至 20 間房屋，沿著一條小路，各間隔大約 15 俄丈。村落周圍的樹林被焚燒殆盡，只剩下山頂的一小片。他們向我解釋，那是敵人來犯時大家的藏身之處。小屋以竹為基底，用稻草建築而成，外面再加上竹竿鞏固。房屋正面敞開，只有上部有陡直的屋頂覆蓋，放下作為遮棚，如此一來便形成寬而低的入口。房屋內部以隔板分為兩部分：光亮的前室供白天作息使用，陰暗的後室則是夜晚歇坐、寒冷季節睡覺的地方。小屋牆壁上有鹿角，上頭分掛著各式餐具和武器。住屋附近還有儲藏室及豬圈。豬圈也兼作廁所。

　　家庭用具——例如：碗、壺、鍋和煎鍋等——皆是向漢人購得，只有籃子、睡席和也用作枕頭的小凳子，以及各式各樣的葫蘆器皿是自己製作。[*Ibis* 1876-I, 138–139]

Dorf der Saprōl.

射不力社。

資料來源：Ibis, Paul. Auf Formosa Ethnographische Wanderungen. *Globus* 31 (1877): 182.

　　頭社坐落於陡峭、裸露的山坡上，地勢相當高。所有的房子皆是以板岩築成——牆壁、屋頂、滑門、窗板都是這種石材。房屋背面緊靠著山壁，正面的牆不過約 4 英尺高，但因為屋頂提高，所以室內相當寬敞。屋內以隔板分為小的前室

和設有爐灶的起居房。牆邊有低矮的長凳，鋪著原住民的竹席，人們就在上面睡、坐、用餐。屋內沒有其他家具。他們也使用一些漢人製造的器皿。每一戶人家前面都有不大的庭院，院子中央設有儲藏室──高架的草棚，以樁支撐，離地約 4 至 5 英尺高，基樁的上方以圓形的板岩石板封住，以防鼠類。房屋周圍有園地，栽植香蕉和檳榔。據說其餘的村落也完全相同。[*Ibis* 1876-II, 119]

皇家俄羅斯地理學會的考察工作細則當中，那些我們所熟悉的論點，反反覆覆、始終一貫地，在以上引用每一段伊比斯描寫福爾摩沙人的字裡行間（以及其他省略的、類型的描寫）清楚呈現。

（三）福爾摩沙原住民的民族與文化關聯

在走訪了福爾摩沙南部、中部和北部的許多地區，接觸過不同土著族群的代表，並蒐集有關他們的第一手消息，伊比斯對部落、部落群體和族群進行初步的比較。同時，他不僅注意到各種地區性的、人類學上的差異（種族、民族文化、語言等），也對這些差異給出個人的假設性解釋，預示其與土著在島內遷徙的關聯：

一些偶然的訪客，在臺灣待了下來，日久就成為一族；其中有的跟老住民或後來的移民混血後，又形成另一族。然後他們隔著山林，各據一地，彼此不通，「年久月深」，族間的差別就趨於明顯了。[Ibis 1877, 200]

透過比較外貌、語言、行為、物質和精神文化、發展水準等方面的特徵，伊比斯針對島嶼南部不同部落和部族的血緣和文化關係，提出自身的假設：

〔回顧臺灣南端之旅，在琅嶠一帶〕我在這裡遇見了以下的原住民部落：射麻里、豬勝束、蚊蟀、八姑用、高士佛、猴洞、龍鑾（最後二者只遇見了頭人）。（⋯⋯）上述部落或多或少互有共同之處，而且似乎都說同一種方言。許多人亦通漢語，有些人甚至能夠在某種程度上理解、使用複雜的中文字符。[Ibis 1876-I, 115–116]

在民族文化方面，伊比斯注意到原住民不同涵化與同化程度，並根據他們的衣著、髮型和首飾的漢元素、家用器具、飲食、漢語的使用及對中國宗教文化傳統的掌握，來評估他們的漢化程度。以上陳述，可於他對「熟番」的描寫中得到應證。「熟番」位於福爾摩沙中部的西邊，是伊比斯准尉往北途中最後一個

有幸見到的「番人」部落。實際上,「熟番」根本不是一個單一族名,而是一個字面意思為「已受教化的番人」的傳統漢語詞彙,其涵蓋所有深受漢人生活方式及文化影響、已內化漢人文化的原住民各族。除了照常詳細描寫他們的居住地及外貌,伊比斯還注意到「熟番」已深度漢化的結果,以及基督教傳教士對其傳教事業上的成功:

> 現在,我趕著前往熟番的部落。它和其他部族大不相同,甚至令人懷疑它是否源自馬來民族。熟番居住在彰化東北的丘陵地帶,較福爾摩沙的其他原住民更加文明。長老教會在此地建立了幾個據點,大社即是其中之一。我在 2 月 12 日(舊曆)抵達,停留兩天。(……)

> 熟番不久之前才自願歸順中國,因此依然保留了許多特色,不過他們的頭人們都已經成了中國官吏。雖然現在所有人都懂中文,但通用的語言仍是母語。他們的語言和福爾摩沙的其他方言有所不同,由此可見,他們過去便已和其他部落有所區隔,獨立生活、發展。因為地利——又或者荷蘭人也有功勞——他們早就耕田,種植靛青、菸草和特殊品種的大麻。堅韌的布料是他們主要的產物,在島嶼北部廣為通用。

> 他們的穿著和漢人有些類似。男人留辮子,上方纏頭巾。中式的褲子和短衫是以原色的粗麻布料製成,在胸部中間扣

上，緊緊包覆身體。有時短衫背面滿是紅、藍橫紋裝飾，衣袖則以不同的——大多是深藍色布料——縫製。女人穿得像本地的漢人女子，只有頭飾不同。她們前額的頭髮垂下，修剪齊眉，其餘的部分在頭頂上綁成一束，頭上戴著黑色小頭巾，頭巾後面兩端在腦後輕輕繫起。

他們的住家和農具皆與漢人無異。

大社的居民幾乎都是基督徒。小教堂附設有學校，所有的孩童都必須去上學。學校裡教授以拉丁字母讀寫漢語、算數、地理、神學和神聖歷史。傳教士說，對於智識活動，熟番很有天分，好學、喜歡讀書。可惜以拉丁字母印行的書籍仍少。[*Ibis* 1876-II, 132-134]

儘管伊比斯誤將一些漢語中的偽族名與個別的原住民「部落」名混為一談，但由以上的描寫仍可看出，伊比斯是一位可靠的觀察者。他準確地記錄下「熟番」的真實生活圖景及其人類學特徵，並評定他們的文化及智識發展情況。

（四）伊比斯關於島上古代遷徙路線的假設，以及對福爾摩沙土著未來的預測

在 1877 年文章的結尾處，伊比斯提出兩個重要的結論：關

於福爾摩沙土著可能的史前起源地和來到島上的遷徙路線，以及
他們在中國統治下的前途。根據自身的觀察，他得出有關屬於南
島語系菲律賓地區的「他加祿語」各分支，在島上語言環境中出
現的結論。然而，漢人的同化顯示，不同族群的居民能夠多麼輕
易地借用其他語言。此外，就算福爾摩沙諸方言真的源自他加祿
語，也並不代表島民僅僅來自呂宋島。即使大多數福爾摩沙人是
從呂宋島移民來的，也有少數人可能是來自婆羅洲、蘇祿群島或
加羅林群島（帛琉）的馬來人。如伊比斯所寫：

　　最後，我要補充我對福爾摩沙人起源的看法，但我的知識
和時間有限，以下僅是假設，正確性還有待更詳盡的研究證
明。

　　我比較了福爾摩沙方言和各種馬來語言的詞語，發現福爾
摩沙的語言與菲律賓群島的語言——尤其是他加祿方言——
最為類似。例如，在我挑選的 60 個他加祿詞語當中，僅有
16 個詞無法在福爾摩沙方言裡找到對應，而其餘 44 個詞的
詞根顯然相同，有的詞語甚至完全一致。其中又以加走山
人、萬斗籠人和卑南人的方言與他加祿語最為相近。

　　我由此推斷，福爾摩沙人是從菲律賓群島移居；更精確地
說，是來自呂宋島的他加祿移民。

　　這波遷徙應是發生在公元最初幾百年間。因為那時他加祿

人開始與印度人往來，已有一定程度的發展，而在福爾摩沙並未見到這些痕跡。我認為，若針對福爾摩沙人語言的豐富詞彙和文法結構進行更詳盡的研究，將可以證明該遷移的時間。

我讀到，如同在巽他群島的幾座大島和某些菲律賓島嶼（Papua Aetas，阿埃塔人），在福爾摩沙內部還有黑色人種存在，他們被視為這些島嶼的原住民——但不論漢人或原住民皆不知道他們的存在，所以這樣的想法大概有誤。不過，移居福爾摩沙的馬來人很可能確實在此地發現了這個民族。後來，他們一部分在戰爭中滅絕，一部分和外來的人們相互融合，他們的外表也有了某些改變，如島嶼南端的居民或許就是如此。[*Ibis* 1876-II, 140-141; *Ibis* 1877, 234-235]

同樣在此處，亦即在伊比斯生命中所寫最後一篇文章的結尾，簡要提及福爾摩沙土著的未來。其個人的預測尚稱樂觀。大體而言，他預估在當前條件下，甚至在中國統治的轉變階段，原住民都不至於陷入普遍衰退、根除或滅絕的危險：

最後我想要說明，臺灣的原住民沒有面臨滅絕，也並沒有日益衰落的跡象，除了由於經年血戰而產生類似設想的南部地區以外。他們〔原住民都〕是身心未受破壞的人。在那裡

我沒見有人身上出現梅毒或天花之類的重症病徵。他們結婚
結得早，而且看來每戶都生一大堆小孩，沒聽說有外遇的情
事。（……）甚至就算他們受漢人統治、接受漢人文明，也
不會面臨像紐西蘭和澳洲塔斯瑪尼亞（Tasmania）原住民的
悲慘命運。清國政府並無意消滅他們任何一個部族。 [*Ibis*
1877, 235]

　　而在有幸能夠站在現代科學知識的高度上，於過去一個半世
紀的回顧中一瞥過往事件的今天，前述的「未來的學者」能夠確
認，伊比斯關於福爾摩沙人遷徙路線的假設，在某種程度上是正
確的。的確，在當今學界占主導地位的假設是，南島地區首次出
現人類定居，乃是古代民族以相反方向（亦即從中國大陸經過臺
灣）遷移產生的結果，且時間遠早於伊比斯准尉推測的新時代
（西元元年）來臨以前。至於他有關福爾摩沙原住民命運的樂觀
預測，雖然並非入木三分，但也大致正確。長期以來，平地原住
民（平埔族）的確早已因漢人同化，而在島嶼的茫茫人海中消
失；同樣消失的，還有一些「山地原住民」部族。然而其他人，
也就是自伊比斯在福爾摩沙的旅伴、熟人、朋友和拜把兄弟的當
代後人，不但如從前般存在，還經歷了從 20 世紀末到 21 世紀初
所謂的「原住民文藝復興」。今日，在官方強而有力且系統性的
支持下，他們正同心協力重建和復興自身的歷史、文化與認同。

結語

　　海軍領航隊准尉保羅·伊比斯（1852–1877）只差兩個月就能活到 6 月 16 日——他的 25 歲生日那天，只差三個月就能親眼見證自己重要的文章在德國圖文雜誌《地球儀》上公諸於世。由於患上不治之症，這位年輕俄羅斯准尉英年早逝。然而，如筆者於序文中所言，他短暫的一生，完成了兩件重大、且真正偉大的事——在「阿斯科爾德號」護衛艦上環球航行四年，以及獨行福爾摩沙的「民族學之旅」。1875 年 1 月到 2 月間，在評估其探險的目標和結果時，伊比斯在其俄文文章的結尾，以及隨後在其德文版的文章中，作出以下短短幾行字的總括：

　　倘若這些簡短的札記能夠作為人們未來前往福爾摩沙旅行的參考，或可以補充關於該地的記載，我的努力也就有了極好的回報。[Ibis 1876-I, 141]

　　無論我能提供的訊息多麼微不足道，我在兩個月內所順利完成的所有事情只有一個目的，那就是讓具備科學思維的旅人更加認識這個地處東亞，美好卻罕有遊人造訪的地區。

[*Ibis* 1877, 235]

　　每當情況和時間允許，我總會旅行到偏遠的區域，到當地
居民的所在地研究他們，而他們通常很和善地接待我。於
是，我與十三個部落接觸，並測量他們、描繪他們、觀察他
們的風俗習慣、採集他們的語言詞彙。簡而言之，我很滿意
達成了自己的目標。[*Ibis* 1877, 149]

　　以上引用的自我評價過於謙虛，不能完全反映伊比斯遺產的
真正意義。儘管受限於技術設備與時間，在福爾摩沙探險途中也
遭遇許多困難，伊比斯仍盡可能高效地運用他所有的知識、能力
和資源。這不僅使他能夠實現自己訂下的目標，據其所述，也取
得「最大的成功」。

　　若談及研究所涵蓋的福爾摩沙人之真實範圍，則更正確的說
法，可能是伊比斯曾造訪了十三個村莊，而這些村莊住有島上數
個原住民部族的各個部落。實際上，在文章中，他彙編了七個以
上的「部落」（卑南、射不力、射麻里、加走山、萬斗籠、平
埔、熟番等）的詳細描述，這些部落至少代表了島嶼南部和中部
六個不同的族群：排灣、阿美、魯凱、卑南（普悠瑪）、布農、
平埔。[*Chigrinsky* 1982, 61]

　　為知曉上述提到「十三個部落」為哪些已知的原住民部族，

需要更精確、在地、深入民族文化的鑑別，而這可以且應該成為單獨的科學研究主題。無論如何，由伊比斯蒐集並系統整理的人類學資料，包括他在地圖上標記的聚落地理座標，以及對當地居民的外貌和衣著、住宅類型、廟宇、墓葬、生活方式等的詳細描寫，使更準確的識別成為可能。此外，伊比斯的材料還為重建原住民各族的歷史和文化，乃至今後島嶼民族學的比較研究，提供了巨大（至今僅能夠部分實現）的可能性。

伊比斯自謙為「外行人」，且承認自己蒐集的消息不夠完備，也承認在很多情況下無法驗證其獲得消息的可靠性。同時他向後人指出並推薦主要的研究領域和方法（比較語言學、跨文化方法等），以及可組織進一步研究的新地區、途徑與方法：

> 我的福爾摩沙之旅以及與當地人的結識到此告一段落，但仍有許多工作留待旅行家和自然科學家完成……島嶼實際上的中心——連綿高山——迄今為止未被考察，而這需要很長時間才能實現，因為像我這樣的外行人，以及迄今為止在福爾摩沙旅行過的所有其他人，都沒有足夠的時間或適當的知識，以在島嶼這個區域的研究上取得耀眼的成果……同時，為避免與大清政府接觸，我建議不要從西部進入，而是從島嶼東部——蘇澳灣或卑南出發。此外，不應該雇用漢人嚮導和挑夫，他們的怯懦可能會搞砸很多事。在許多方面，將你

自己交給土著將來得更安全。[*Ibis* 1877, 234]

　　實際上，伊比斯不是專業學者，但為了自己的民族學考察之旅，他在漫長且艱苦的環球航行條件下，做了最充足的準備。這位俄國海軍准尉自我準備的成功，該歸功於其出色的教育和優良的個人素養，他懷抱滿腔熱情，獻身於似乎遠離海洋及軍事訓練的「陸上」研究。

　　伊比斯這位俄國人對研究島嶼民族歷史和文化的實質貢獻，將透過伊比斯期許的未來之研究，而得到更客觀的評價。除了上述對原住民部落和部族的識別外，值得進一步研究的，還有他成功使用系統性的田野調查方法，以及針對所蒐集獨特材料的比較分析，後者為大膽的理論假設和結論奠定了基礎。對伊比斯的俄文（1876）和德文（1877）文章進行全面性的比較，並將其所有文章與其他福爾摩沙研究人員的出版品進行比較，具有極大的史學意義。最後，能夠作為專門研究主題者，尚有伊比斯那些成功且提供大量知識的跨文化交流經驗。並非每個人都能夠像伊比斯一樣，展現出過人的勇氣和開放、敏銳的特質，以及高超的才能，以幫助他克服人際、跨文化和跨文明交流上所會遇到最艱難的、主觀的、客觀的、有時甚至是不可想像的障礙。

　　在 21 世紀的今天，回首一個半世紀以來的過往，可以說，保羅・伊比斯這位人物值得誠摯的敬重和讚賞。作為一個人，伊

比斯是卓越的典範——他是受過良好教育而知識淵博的俄羅斯知識分子、才華橫溢而前途光明的專家學者、膽識過人的探險先驅及出色的海軍准尉，他為福爾摩沙和世界科學研究做出了巨大的個人貢獻。

在伊比斯的著作當中，生動地體現了「旅途文化」這種特殊的研究精神，這是由伊比斯那些更為世人所知的俄國同胞所發揚的精神，這些人包括：普熱瓦利斯基（N. M. Przhevalsky）、謝苗諾夫—天山斯基（P. P. Semenov-Tian-Shansky）、米克盧霍—馬克萊（N. N. Mikluho-Maclay）、崔比科夫（Gomodzhab Tsybikov）、阿爾謝尼耶夫（V. K. Arsieniev）、洛里奇（N. K. Rerikh）等人。

若借用俄國歷史學家索科洛夫對阿爾謝尼耶夫作品的精準評價，則可以說，伊比斯的文本同樣具有許多研究性旅行的重要基本特徵：

> 在這當中，存在努力觀察、歸納與比較的痕跡，而這建立在當時的知識獲取管道以及專業術語的基礎之上。此外，他看似樸實的話語，夾帶許多不同的探索行動和感覺的描寫，準確到驚人地傳達了旅行本身的氛圍。他確實使讀者參與了移動和變化的過程。[*Sokolov* 2012, 716]

　　伊比斯的一生既獨特又典型——獨特的是，他的某些事蹟難以複製；典型的是他不過是一位受過公費教育、曾在俄國軍艦上服役，以及宣誓效忠俄國沙皇的俄羅斯帝國普通臣民、愛沙尼亞血統的非俄羅斯族人。他盡忠職守，依職務貢獻自己所有的才能、精力和健康，也在海外可敬地代表自己的國家。他夢想回歸故里，卻不幸客死異鄉。

　　伊比斯的命運也與整個 19 世紀俄羅斯軍艦環球航行的歷史，以及這些航行參與者締造的開創性發現的歷史密不可分。伊比斯值得與其他俄國知名探險家齊名，這些人包括「軍人東方學家」——他們為履行職責，又受到靈魂的召喚，而獻身於東方研究。在亞洲國家與民族的研究、國際交流與「俄羅斯世界」文化影響力的和平拓展（而非武力拓展），以及拉近俄羅斯與其他民族和文化的距離等方面，誠然他們都扮演了傑出的角色。

　　在俄羅斯軍艦海外航行時，海軍軍官的一項重要任務，是與其他國家的人民和政府建立聯繫。在此期間，他們不僅身為軍人，而且還是俄羅斯、俄羅斯社會及其知識界的外交代表。只要稍加回顧過去，就可以知道在 1873 至 1874 年的環球航行中，「阿斯科爾德號」護衛艦的高階軍官受到阿根廷總統、暹羅國王、日本天皇，以及這些國家和其他國家的政府官員與「上流社會」的私人接待。[*Tyrtov* 1873, 16; *Cherkass* 1874; *Tokuaki* 2005, 179] 在當時的學術界，他們以如此恰如其分、令人印象深刻的方

式,代表了俄羅斯。

在那趟空前的「民族學之旅」中,運用綜合途徑以及當時最先進的理論和方法(包括皇家俄羅斯地理學會的指引等)所獲得的獨特消息,以及伊比斯基於綜合前述的理論和個人在人類學田野工作當中蒐集到的材料,所得出大膽而深刻的結論,就算過了一百四十多年,在 21 世紀的今天,都仍保有巨大的學術與文化價值。伊比斯的壯舉,同樣具有難以估量的高度人文價值。書寫這本書,是為了紀念俄國歷史上所有真正的英雄,也是為了向他們致上最崇高的敬意,無論這些人是俄羅斯人、烏克蘭人、德國人、愛沙尼亞人還是布里亞特人,是平民還是士兵,是年輕的軍官還是著名的海軍上將,是遠古的祖先還是我們當代的人們。這本書也是真實的見證,見證長期以來一些俄羅斯人民對臺灣人民的誠摯興趣與喜愛。

「阿斯科爾德號」的模型,符拉迪沃斯托克太平洋海軍博物館之藏品。

謝詞

身為臺北莫斯科經濟文化協調委員會駐莫斯科代表處代表，我非常感謝劉宇衛博士長期投注心力，研究保羅·伊比斯的生平。一百四十多年前的伊比斯，在他有限的生命中，花了一段時間研究臺灣原住民的生活和文化，留下珍貴的素描圖片和文字紀錄，成為後人研究臺灣原住民的重要史料，也讓我們知道臺灣和俄國的關係不是開始於 1990 年代。伊比斯是臺俄關係的先行者，我們踩在他的足跡上，繼續為增進臺俄關係努力。

臺北莫斯科經濟文化協調委員會

駐莫斯科代表處

代表　耿中庸

資料來源

俄羅斯帝國對外政策檔案館（檔案資料）[Russian Empire Foreign Affairs Archive]：

主檔案部 1–9，第 8 目（1824－1831），第 8 卷，頁 112–130，關於日本政府為處罰殺害日本人的福爾摩沙居民而派遣前往福爾摩沙的出兵，摘自「白鼬號」（Горностай [Gornostai]）砲艇艇長、海軍大尉捷廉季耶夫（V. A. Terent'ev）關於訪問福爾摩沙港口的報告，1874 年 9 月 16 日（舊曆 9 月 4 日）。

俄國海軍檔案館（檔案資料）[Russian State Naval Archive, RSNA]：

第 283 宗，第 3 目，第 494 案，頁 244，關於護衛艦「阿斯科爾德號」（Аскольд [Askold]）從克朗施塔特到太平洋的航行，1872–1877。

第 283 宗，第 3 目，第 2489 案，頁 117–119，致海軍部大臣，自索倫（Солунь [Solun']，今希臘塞薩洛尼基）停泊處，№.714，海軍少將布塔科夫（Ivan I. Butakov）的呈文，1876

年6月13日（舊曆6月1日）。

第406宗，第3目，第812案，頁293–295，第二艦隊人員海軍
　　領航員大隊准尉伊比斯之完整事蹟記載表，1876年1月1
　　日編記。

第406宗，第3目，第812案，頁293–297，第二艦隊人員海軍
　　領航員大隊准尉伊比斯之補充事蹟記載表，1876年1月1
　　日編記。

第406宗，第3目，2489案，頁117–119、222–223。

第410宗，第2目，6745案，頁75，太平洋艦隊隊長、海軍少
　　將布琉梅爾（Theodor J. Briummer）致海軍部海事處的呈
　　文，1873年11月12日（舊曆10月31日），No.180，上
　　海，旗艦護航艦「勇士號」。

第410宗，第2目，6745案，頁77，航自達文波特的護衛艦
　　「阿斯科爾德號」指揮官的呈文摘錄，No.511，摘錄日期：
　　1874年1月7日。

第870宗，第1目，10590案（в），頁2，船隊與船務人員的
　　航行雜誌，1876。

第870宗，第1目，10590案（в, x），摘自1875年「阿斯科
　　爾德號」值班日誌的摘錄。

第1212宗，第2目，297案，第1頁（目錄）與已編號的17張
　　頁，航海學校卷，關於任命保羅 · 伊比斯為領航學院學員，

1868 年 5 月 29 日至 1872 年 4 月 27 日。

第 1212 宗，第 2 目，298 案，第 1 頁（目錄）與已編號的 7
頁，航海學校卷，關於任命弗里德里希‧伊比斯（Friedrich
Ibis）為領航學員學員，1871 年 5 月 26 日。

第 1331 宗，第 7 目，1478 案，福爾摩沙島、海峽與中國海之地
圖（FORMOSA Id. and STRAIT. CHINA SEA）。

19 世紀到 20 世紀初出版的俄文文獻：

Brümmer 1908 –布琉梅爾‧菲德‧亞科夫列維奇（Брюммер
Фёдор Яковлевич [Brümmer Theodor Yakovlevich]）
（1908），〈俄文傳記字典〉，25 卷（1896–1918 出版），
聖彼得堡：皇室地產總管理局印刷廠，T.3，頁 411–412。

*Cherkass*1874 –切爾卡斯（1874），暹羅王國之都曼谷。〈太平
洋艦隊隊長等軍官的造訪該地〉，《海事文集》，非官方部
（海洋紀事）。聖彼得堡：海軍部印刷廠，1874. T. 145，
No.10，頁 8-37。

Dela na Formose 1874 –〈福爾摩沙諸事〉（Dela na Formose）
（1874），《環球畫報》，聖彼得堡，No.298，頁 179。

Ibis 1875-I –伊比斯（P. I. Ibis），〈蝦夷人〉，《美景觀覽》，
30.01.1875. No. 5. 頁 74–76。

Ibis 1875-II –伊比斯（P. I. Ibis），〈關於蝦夷島（北海道）的筆

記〉，《美景觀覽》，06.02.1875. No. 6. 頁 90。https://
vivaldi.nlr.ru/pm000020408/view#page=92

Ibis 1875-III –伊比斯（P. I. Ibis）（1875），〈中日間的福爾摩
沙爭議〉，《美景觀覽》，20.02.1875. No. 8. 頁 120–124。
https://vivaldi.nlr.ru/pm000020408/view#page=122.

Ibis 1875-I –伊比斯（P. I. Ibis）（1876），〈福爾摩沙之旅〉，
《海事文集》，非官方部。聖彼得堡：海軍部印刷廠，卷
152-I，頁 111–149。

Ibis 1875-II –伊比斯（P. I. Ibis）（1876），〈福爾摩沙之旅〉，
《海事文集》，非官方部。聖彼得堡：海軍部印刷廠，卷
152-II，頁 111–141。

Maksimov 1876 –馬克西莫夫（A. Ya. Maksimov）（1876），
〈環遊世界：「阿斯科爾德號」自克朗施塔特至曼谷的巡
航〉，《環球遊人》（*Vsemirnyi Puteshestvennik*）。https://
elis.psu.ru/node/107194.

Maksimov 1910 –馬克西莫夫（A. Ya. Maksimov）（1910），
《「阿斯科爾德號」環遊世界》，聖彼得堡。

Novosilsky 1874 –諾渥希爾斯基（1874），〈機帆砲船「騎士
號」指揮官、海軍大尉諾渥希爾斯基之報告摘錄〉（《克朗
施塔特通訊》記者），橫濱，15.10.1874，《克朗施塔特通
訊》[*Kronshtadtskiy vestnik*], 8/20.1874. No. 142，頁 585。

http://www.vostlit.info/Texts/Dokumenty/Japan/XIX/1860-1880/Perv_jap_posolstva/text9.phtml?id=13825.

Pallas 1787 –帕拉斯（P. S. Pallas）（1787），《聖上葉卡捷琳娜二世之親手蒐集的所有語言和方言比較詞典》，聖彼得堡，1787。

Pervoye prodolzheniye –《俄羅斯海軍軍艦海外航行回顧的第一篇續集 1868–1877》（*Pervoye prodolzheniye*），聖彼得堡：海軍部印刷廠，1878–1879. T. 2，頁 200。http://www.vostlit.info/Texts/Dokumenty/Japan/XIX/1860-1880/Perv_jap_posolstva/pred.phtml?id=13815.

Perviye 2005 –俄羅斯使團（Perviye yaponskie posol stva v Rossii v gazetnyh publikaciyah 1862–1874 gg.），聖彼得堡：RDK-print 社，2005。

Plauchut 1875 – E.普羅修（Plauchut Edmond）（1875），〈再談福爾摩沙和日本出兵〉，《美景觀覽》，No.13，頁 200-205；No.14，頁 218-221。https://vivaldi.nlr.ru/pm000020408/view#page=198; https://vivaldi.nlr.ru/pm000020408/view#page=216.

Svod 1852 –《皇家俄羅斯地理學會予堪察加考察隊的工作細則彙編》（1852）（*Svod instrukcij dlia Kamchatskoi ekspedicii, predprinimaemoi Imperatorskim Russkim geograficheskim obschestvom*），聖彼得堡：省政府印刷廠，1852，[3]，111 c．。https://www.prlib.ru/item/443319, https://www.proza.ru/2017/02/12/1407.

Sfurs-Zhirkevich 1863 –斯福爾斯（Sfurs-Zhirkevich）（1863），〈護衛艦「倫達號」指揮官、海軍中校斯福爾斯的呈文〉，《海事文集》，非官方部（海洋紀事），聖彼得堡：海軍部印刷廠，1863. T．65. No.3，頁 35-44。

Tokuaki 2005 – Bannai Tokuaki 等編（2005），《1862–1874 年報紙文章中的的早期日本駐俄羅斯使團》，聖彼得堡：RDK-print 社，2005。

*Tyrtov*1873 –特爾托夫（Tyrtov）（1873），〈護衛艦「阿斯科爾德號」指揮官、海軍大尉之報告摘錄〉（布宜諾斯艾利斯，1873 年 4 月 5 日），《海事文集》，非官方部（海洋紀事），聖彼得堡：海軍部印刷廠，卷 127，No. 8，頁 14–17。

Vysochaishiye 1874 –〈責令海軍部門的聖諭〉（Vysochaishiye 1874）（No.1059，聖彼得堡，1873 年 12 月 23 日）（1874），《海事文集》，官方部，聖彼得堡：海軍部印刷廠，T.140，No.1，頁 3。

Vysochaishiye 1877 –〈責令海軍部門的聖諭〉（Vysochaishiye 1877）（No.1247，普洛耶什蒂，1877 年 6 月 17 日，舊曆 6

月 4 日）（1877），《海事文集》，官方部，聖彼得堡：海
軍部印刷廠，T.161，No.7，頁 2。

Zelenoy 1872 –澤連諾伊（Zelenoy A.I.）（1872），《領航學校
簡史 1798–1871》，《克朗施塔特通訊》。

英文、德文及法文文獻：

Chen 1967 – Chen Kang Chai. Taiwan Aborigines. A Genetic Study
of Tribal Variations. Cambridge（Mass.）: Harvard University
Press, 1967.

Eskildsen 2005 – Foreign Adventurers and the Aborigines of Southern
Taiwan, 1867–1874. Western Sources Related to Japan's
Expedition to Taiwan / Robert Eskildsen, ed. Taipei: Academia
Sinica, Taiwan History Institute. 2005.

Formosa 1675 – C.E.S.'t Verwaerloos de Formosa（Потерянная
Формоза [Poteryanaya Formosa]）. Amsterdam, 1675. 38 c.

Ibis 1877 – Ibis, Paul.Auf Formosa: Ethnographische Wanderungen
von Paul Ibis（At Formosa. Ethnographic travel of Paul Ibis.//
Globus 31（1877）. C.149–152,167–171,181–187,196–200,
214–217, 230–235. https://www.reed.edu/formosa/texts/
Ibis1877Ger.html

Lacouperie 1887 – Lacouperie T. de. Formosa notes. M.S.S., Races and Languages // JRAS. 1887. Vol.19. Ч.3. С .413–494.

London News – Images of Formosa in the «Illustrated London News»,1859–1890. // Formosa. The Reed Institute. https://www. reed.edu/formosa/gallery/image_pages/LondonNews/ LondonNews.html.

Muller 1867 – *Muller, Friedrich, Dr.* Reise der osterreichischen Fregatte Novara. Linguistischer Theil, Ethnographisher Theil （奧地利大護衛艦 "Novara" 號的海航），語文學部，民族 學部，Wien. 1867.

Murakami 1933 – *Murakami Naojirō.* Sinkan Manuscripts [Синьганские манускрипты] // Memoirs of the Faculty of Literature and Politics, Taihoku Imperial University. Vol.II. No.1. Formosa: Taihoku Imperial University, 1933.

Plauchut 1874 – Plauchut Edmond. Formose et l'expédition japonaise （福爾摩沙與日軍出兵）// Revue des Deux Mondes.3e période. T.6,11–12.1874. P .447–466. https://fr.wikisource.org/ wiki/Formose_et_l%E2%80%99exp%C3%A9dition_japonaise

Steere 1874 – *Steere Joseph.* Letters from Formosa [Письма с Формозы] // *Ann Arbor Courier.* Published in 10.04–03.06.1874. LXXII–LXXIX. https://www.reed.edu/formosa/texts/ Steere1873-74.htm.

Steere 1874a – *Steere Joseph*. The Aborigines of Formosa // China Review. Vol.3. 1874. №3. C.181–184.

Steere 1876 – *Steere Joseph*. Formosa. //*Journal of the American Geographical Society of New York*,1876. Т.VI. С.302–334.

Steere 2002 – *Steere Joseph*. Formosa and Its Inhabitants（Формоза и её обитатели）. / Paul Jen-kuei Li, ed. Taipei: Academia Sinica. 2002.

Thomson 1875 – Thomson, J[ohn].*The Straits of Malacca, Indo-China and China or Ten years' travels, adventures and residence abroad*. London: Sampson Low, Marston, Low, & Searle. 1875.

Thomson 1875a – Thomson. J. Voyage en Chine. Formose. // *Le Tour du Monde* 30（October 1875）: 209–224, 225–240.

俄文文獻翻成中、日文的譯本：

Fix 2006 –〈伊比斯・福爾摩沙之旅〉（中文）. // Curious investigations: 19th-century American and European impressions of Taiwan. Ed. by Douglas L. Fix, Charlotte Lo.《看見十九世紀臺灣：十四位西方旅行者的福爾摩沙故事》，臺北，2006，第 7 章，153–198 頁。

Kung Fei-Tau –龔飛濤（Kung Fei-Tau），〈青年 Ibis 的臺灣之旅〉（«Excursion to Formosa» 文章的中文譯本），https://

ting-tau.blogspot.ru/2013/01/ibis.html.

*Tsukamoto*2004 –パーウエルイビス著，フォルモサ紀行，塚本
善也（Tsukamoto Zenya 翻譯、解說）《臺灣原住民研究》
（Studies on Indigenous Peoples of Taiwan），8 號，2004，
152–203 頁。

俄文文獻：

Bibliografiya Yaponii 1965 –《日本書目：1734–1917 年於俄羅斯
出版的作品》，格里夫寧（Vladimir S. Grivnin）等編
（1965），莫斯科：Nauka，1965。

Chigrinsky 1982 –契格林斯基（Chigrinsky M. F.）（1982），
〈保羅・伊比斯臺灣之行〉，《蘇聯民族學》，1982，
No.2，頁 60-64。

Chigrinsky 1984 –契格林斯基（1984），〈俄羅斯海軍准尉 P. I.
伊比斯及其 1875 年臺灣行旅筆記〉，《東方國家與民族》
文集，LO IVAN 編，莫斯科：Nauka，1984，第 24 輯，頁
56–64。

Ferkel 2014 –菲爾克勒（Ferkel V. B.）（2014），《福爾摩沙之
旅：跨越數個世紀與國度》，車里亞賓斯克：Tsitsero,
2014。

Golovachev 2012 –劉宇衛（V. Ts. Golovachev）（2012），〈俄

羅斯旅人與學者作品中的臺灣族群史（18 世紀末至 20 世紀前三十年）〉，《民族學覽》，No.2，頁 165–174。

Golovachev 2014 –劉宇衛（V. Ts. Golovachev）（2014），〈俄國革命前的臺灣研究與「美景書寫」（19 至 20 世紀初）〉，收於 S.I. Bliumkhen 編，第 44 屆學術會議論文集：《中國的社會與國家》研討會，莫斯科：IV RAN，2014，第 1 輯，頁 458–466。

Golovachev 2017 –劉宇衛（V. Ts. Golovachev）（2017），〈伊比斯 1875 年的臺灣之旅：民族學研究的主題、方法和工具〉，《人類學通訊》，2017，No.2（38），頁 98–112。

Golovachev 2018 a –劉宇衛（V. Ts. Golovachev）（2018），〈「福爾摩沙之旅」主角與作者伊比斯之病與死：跨時空的診療〉，XLVIII《中國的社會與國家》研討會，莫斯科，2018，頁 23–35。

Golovachev 2018b –劉宇衛（V. Ts. Golovachev）（2018），《世界史學中的臺灣族群政治史（17 至 21 世紀）》，莫斯科：IV RAN，«MAX-Press»，2018。

Golovachev 2019a –劉宇衛（V. Ts. Golovachev）（2019），〈福爾摩沙學者伊比斯（1852－1877）：經修訂和增補的傳記〉，XLXIX 中國的社會與國家》研討會，莫斯科：2019，頁 320–335。

Golovachev 2019b −劉宇衛（V. Ts. Golovachev）（2019），〈保羅・伊比斯和約瑟夫・史蒂瑞在 1873 至 1875 年間對福爾摩沙的田野民族學研究（比較評論）〉，《比較政治》，2019. No. 3（10），頁 148–158。

Golovachev 2019c −劉宇衛（V. Ts. Golovachev）（2019），〈伊比斯 1875 年在臺灣的研究及皇家俄羅斯地理學會的民族學研究指引〉，《IV RAN 通訊》，2019，No.1（7），頁 203–215。

Golovachev 2019d −劉宇衛（V. Ts. Golovachev）（2019），〈福爾摩沙遊記：P. I. 伊比斯的民族學之旅〉，莫斯科：IV RAN，«Vyes Mir»，2019，頁 276，如附件與附圖。

Golovachev, Kovalenko 2017 −劉宇衛（V. Ts. Golovachev）、科瓦連科（A. G. Kovalenko）（2017），〈臺灣之行：關於俄羅斯旅行家 P. I. 伊比斯及「阿斯科爾德號」環球巡航的新資料〉，《俄羅斯與亞太地區》，2017，No.2，頁 214–230。

Golovachev, Molodyakov 2014 −劉宇衛（V. Ts. Golovachev）、莫洛賈科夫（V. E. Molodyakov）（2014），《日治時代的臺灣：俄文史料與研究、分析性評述》，莫斯科：IV RAN，2014，120 c.，頁 18–24。

Humboldt 2000 −威廉・馮・洪堡（Ferdinand von Humboldt）（2000），《語言學選集》，莫斯科：Progress，2000。

Khokhlov 1993 –霍赫洛夫（A. N. Khokhlov）（1993），〈俄臺關係史（1917 年前）〉，《俄臺非政府關係發展的問題與展望》，莫斯科，1993，頁 123–138。

Samoylov 2014 –薩莫伊洛夫（V. Samoylov）（2014），〈福爾摩沙之旅〉，《臺灣評論》，2014，№.3（120），頁 52–59。

Skatchkov 1960 –斯卡奇科夫（P. E. Skatchkov）（1960），《中國書目：中國主題》，第二版，莫斯科：Vostochnaya Literatura，1960. C. 311（№. 9142），C. 464（№. 14728）。

Sokolov 2012 –索科洛夫（V. N. Sokolov）（2012），〈跟隨阿爾謝尼耶夫的蹤跡：關於 20 世紀初俄羅斯遠東軍事東方研究的歷史人類學〉，《阿爾謝尼耶夫文集》，海參崴：Rubezh，2012，T. III.，頁 707–778。

Toder 1978 –托德爾（F. A. Toder）（1978），《臺灣及其歷史（19 世紀）》，莫斯科：Nauka-GRVL，1978。

Vaskul 2012 –瓦斯庫爾（A. I. Vaskul）（2012），〈俄羅斯地理學會的民族學綱要〉，《俄羅斯民間故事：材料與研究》，聖彼得堡：Nauka，2012，XXXVI，頁 460–471。

Zaytsev 2018 –扎伊采夫（R. V. Zaytsev）（2018），〈十二月黨人之子——第一位俄籍臺灣居民：重建圖希金（N. N. Titoushkin）生平〉，《歷史、文學與藝術通訊》，莫斯

科：Sobranie，2018，T.13，頁 364–383。

中文文獻：

丁紹儀（1875），《東瀛識略》，淡水，8 冊。

Lambert 2012 –藍柏（Lambert van der Aalsvort）著。《風中之葉
　　—福爾摩沙見聞錄》。（林金源譯）。臺北市：經典雜誌，
　　慈濟傳播人文志業基金會，2012，264 頁。

Lambert 2018 – Lambert van der Aalsvoort（2018），《保羅．伊
　　比斯：一位外國軍官的臺灣原住民見聞錄》，臺北市：經典
　　雜誌，2018 年 1 月（234），頁 30–39。

Riftin 1991 –李福清（1991），《蘇聯所藏關於臺灣的資料及臺
　　灣研究的概況》，淡江講堂叢書 97，淡江大學編印，中央
　　院文哲所圖書館，臺北，1991 年 12 月，頁 1–68。

周婉窈（2015），〈從琉球人船難受害到牡丹社事件：「新」材
　　料與多元詮釋的可能〉，《臺灣風物》，65 卷 2 期，2015
　　年 6 月，頁 23－90。

Golovachev, Molodyakov 2018 –劉宇衛（Головачёв В.Ц. [V. Ts.
　　Golovachev]）、莫洛賈科夫（Молодяков В.Э. [V. E.
　　Molodyakov]），《日本統治時代的臺灣：俄文史料與研
　　究》，陳韻聿譯，鍾淑敏主編，臺北市：中央研究院臺史
　　所，2018 年 10 月，頁 174。

網路資料：

GENI – GENI. COM（Interactive Network of genealogic data）. https://www.geni.com.

GENI Ado Ibis – Ibis Ado August. GENI. COM: https://www.geni. com/people/Ado-August-Ibis/6000000035212554152.

GENI Ann Ibis – Ibis Ann. GENI. COM: https://www.geni.com/ people/Ann-Ibis/6000000012029561719.

GENI Friedrich Ibis – Ibis Friedrich. GENI. COM: https://www.geni. com/people/Predik-Ibis/6000000035192733204

GENI Juhan Ibis – Ibis Juhan. GENI. COM:（Дата обращения: 19.03.2019）: https://www.geni.com/people/Juhan-Ibis/6000000012913367184.

GENI Paul Ibis – Ibis Paul. GENI. COM: https://www.geni.com/ people/Павел-伊比斯/6000000035190970815.

Reed Ekskursiia – Ibis, Pavel. Ekskursiia na Formozu [Excursion to Formosa]. // Formosa. The Reed Institute. http://www.reed.edu/ Formosa/texts/Ibis1876.html.

Reed Auf Formosa – Ibis, Paul.Auf Formosa: Ethnographische Wanderungen von Paul Ibis [At Formosa. Ethnographic travel of Paul Ibis]// Formosa. The Reed Institute. http://academic.reed.

edu/formosa/texts/Ibis1877Ger.htmlhttp://academic.reed.edu/ formosa/texts/Ibis1877.html.

Reed Ibis Biogr – Paul（Pavel Ivanovich）Ibis. 16 June 1852–1877. By Samuel Stephenson. With a Supplemental Biography by M.F. Chigrinskii. // Formosa. The Reed Institute. https://www.reed. edu/Formosa/texts/IbisBio.html.

SAAGA – SAAGA. Digiteeritud archiiviallikad [Электронный архив «SAAGA»]. http://www.ra.ee/dgs.

群島01
1875・福爾摩沙之旅
俄國海軍保羅・伊比斯的臺灣調查筆記

2022年6月初版　　　　　　　　　　　　　定價：新臺幣380元
2022年12月初版第二刷
有著作權・翻印必究
Printed in Taiwan.

策　　　劃	財團法人台灣研究基金會	
原　　　著	Pavel Ivanovich Ibis	
	（Paul Ibis）	
編著、導讀	劉　　宇　　衛	
	（Valentin Golovachev）	
譯　　　者	江　　杰　　翰	
	吳　　進　　仁	
	劉　　柏　　賢	
	陳　　韻　　聿	
審　訂　者	黃　　樹　　民	
	楊　　孟　　哲	
叢書主編	王　　盈　　婷	
校　　　對	林　　碧　　瑩	
	高　　蓮　　安	
	（Gessler Elena）	
	吳　　政　　諭	
內文排版	菩　　薩　　蠻	
封面設計	兒　　　　　日	

出　版　者	聯經出版事業股份有限公司	副總編輯	陳　　逸　　華
地　　　址	新北市汐止區大同路一段369號1樓	總　編　輯	涂　　豐　　恩
叢書主編電話	(02)86925588轉5316	總　經　理	陳　　芝　　宇
台北聯經書房	台北市新生南路三段94號	社　　長	羅　　國　　俊
電　　　話	(02)23620308	發　行　人	林　　載　　爵
台中辦事處	(04)22312023		
台中電子信箱	e-mail：linking2@ms42.hinet.net		
郵政劃撥帳戶第0100559-3號			
郵　撥　電　話	(02)23620308		
印　刷　者	文聯彩色製版印刷有限公司		
總　經　銷	聯合發行股份有限公司		
發　行　所	新北市新店區寶橋路235巷6弄6號2樓		
電　　　話	(02)29178022		

行政院新聞局出版事業登記證局版臺業字第0130號

本書如有缺頁，破損，倒裝請寄回台北聯經書房更換。　　ISBN　978-957-08-6355-0 (平裝)
聯經網址：www.linkingbooks.com.tw
電子信箱：linking@udngroup.com

國家圖書館出版品預行編目資料

1875‧**福爾摩沙之旅**：俄國海軍保羅‧伊比斯的臺灣調查
筆記/財團法人台灣研究基金會策劃 . Pavel Ivanovich Ibis（Paul Ibis）著 .
劉宇衛（Valentin Golovachev）編著、導讀 . 江杰翰、吳進仁、劉柏賢、
陳韻聿譯 . 初版 . 新北市 . 聯經 . 2022年6月 . 272面 . 14.8×21公分（群島01）
譯自：Экскурсия на Формозу：этнографическое путешествие П.И. Ибиса.
ISBN 978-957-08-6355-0（平裝）
[2022年12月初版第二刷]

1.CST：伊比斯（Ibis, Paul）2.CST：民族志 3.CST：民族調查
4.CST：傳記 5.CST：台灣

733.4   111007335